_____ 님께 이 책을 드립니다.

I give this book to you

성화의 삶으로 이르는 길

칭
의

하진상 지음

시가출판사
Ciga Publisher

칭의

목차

CONTENTS

목차

CONTENTS

책을 내면서

먼저 이 부족한 사람에게 크신 은혜를 베풀어주신 하나님께 감사를 드립니다.

칭의 교리는 종교개혁의 가장 중요한 신학원리 이며 종교개혁 시대로부터 오늘에 이르기까지 모든 부흥과 영적 대각성의 시기마다 설교와 가르침의 중심주제가 되어왔습니다

그런데 언젠가부터 한국교회는 성공지향주의,기복주의,물질주의, 도덕성의 심각한 결여 등 세속화 문제가 도를 넘은 것 같습니다.

그러므로 오늘날 현대교회는 어느 시대보다 더 이신칭의 교리의 중요성을 깨닫고 강조해야할 필요성과 사명이 있다고 여겨집니다.

만고불변의 진리, 즉 그리스도의 구원의 복음을 필요로 하는 인간들 모두는 죄인이라는 사실과 이들에게 필요한 구원의 방법은 여전히 이신칭의 (믿음으로서 의롭게 됨)의 교리라는 사실을 알아야 합니다.

성도들이 칭의의 은혜를 알게되면 죄인된 자신에게 칭의를 베풀어 주신 주님의 은혜에 감격하고 기뻐하게되며 교회에서나 삶속에서 헌신된 모습을 나타내고 구원의 확신과 함께 성화의 삶에 더 주력하게 된다는 사실입니다.

이 책을 출간 할수 있도록 도와주신 하나님께 모든 영광을 돌립니다.

또한 묵묵히 곁에서 기도하며 힘이 되어준 사랑하는 아내와 아들 큰사랑교회 교우들에게 감사를 전합니다.

2021년 10월

큰사랑교회 하 진 상 목사

서론

서 론

　우리는 소위 포스터모더니즘이라 불리는 시대의 한복판에 서 있다고 할 수 있다. 즉 이 시대는 다원주의적 상대주의적 시대이며, 지각없는 광신의 시대라 일컬어진다.

　이 시대의 대중들의 마음을 지배하는 것은 더 이상 진리가 아니요 극도의 무지이다. 또한 그것에 기초한 타락한 인간 본성의 욕구는 육체가 원하는 멋대로의 삶을 충동질 하고 있다.

　진리보다는 감성이 존중받고, 교리적 진실보다는 무조건적인 타협과 또는 연합이 대접을 받는 시대이다. 이러한 현상은 새로 생겨난 것이 아니다.

　이러한 사회현상 배후에는 항상 왜곡된 칭의론이 지배해 왔다.

　초대교회부터 현대에 이르기까지 복음의 진리에서 벗어난 잘못

된 말씀의 주장들이 역사속에 항상 존재해 온 것이다.

바리세주의(Pharisaism), 펠라기우스주의(Pelagianism), 오시안더의 본질적 의(의) 사상, 로마카톨릭(Roma Catholic) 칭의관, 알미니아스주의(Arminianism), 현대에 와서 톰 라이트(Tom Wright)의 칭의론의 새 관점등이 바로 여기에 속한다.

종교개혁이 일어난 이유는 마틴 루터(Martin Luther)와 요한 칼빈(John Calvin)과 함께 한 당시의 개혁자들이 이신칭의라는 참된 진리를 발견하고 가르쳤기 때문이다. 루터는 자신이 발견한 이 칭의 교리를 가지고 거짓된 복음을 가르치는 로마카톨릭 교회와 싸웠고 이어서 칼빈은 루터의 말하는 칭의교리의 부족한 점을 잘 보완하여 칭의론의 전체를 잘 이해할 수 있도록 기독교 강요에 명확히 기록하여 진리를 후대에 잘 전수할 수 있도록 한 것이다.

이렇게도 중요한 칭의 교리를 어느때보다 지금 가르침이 필요한 시기라 할 수 있다.

칭의 교리는 종교개혁의 가장 중요한 신학원리였으며, 종교개혁 시대로부터 오늘에 이르기까지 모든 부흥과 영적대각성의 시기

마다 설교와 가르침의 중심주제가 되어 온 것이다.

만고불변의 진리, 즉 그리스도의 구원의 복음을 필요로 하는 인간들이 한 사람도 예외 없이 죄인이라는 사실과, 이들에게 필요한 구원의 방법은 여전히 이신칭의의 은혜의 교리라는 사실을 알아야 할 것이다.

그러므로 오늘날 현대교회는 어느 시대보다 더 이신칭의 교리의 중요성을 깨닫고 강조해야 할 필요성과 사명이 있음을 알아야 한다.

I

칭의에 대한 정의

Ⅰ. 칭의에 대한 정의

A. 칭의의 법정적 성격

칼빈은 칭의란 죄인이 하나님의 법정에서 정당함(무죄)을 인정 받은 것이라고 하였다. 즉 죄인에 대한 하나님의 의롭다는 선언은 피고로 서있는 죄인을 법정 심리에서 그의 무죄를 선언하는 것과 같은 것이다. 그러므로 칭의는 사람의 유죄가 모든 죄로부터 마치 결백한 것이 증명되어진 것처럼 사면하는 것이다 라고 말한다.

B. 의의 전가에 의한 칭의

그러면 칭의는 어떻게 이루어질 수 있는가?

칼빈은 이에 대해 두 가지 길이 있다고 말한다.

첫째 어떤 사람의 삶이 순결하고 거룩하여 하나님 보좌 앞에 인정을 받을 때 그는 행위의 완전성에 의해서 의롭다함을 얻을 수 있다고 한다. 그러면서 칼빈은 '이것은 분명한 사실이지만 문제는 행위의 의로 의롭다함을 얻을 사람이 아무도 없음'을 지적한다. 칼빈의 다음의 말은 통해 인간의 행위의 의로는 어느 누구도 하나님 앞에서 설수 없음을 논증하고 있다.

행위로 말미암아 의를 얻기 위해서는 율법을 완전무결하게 다 준수해야만 하는 것이다. 그렇다면, 최상의 완전함의 정상에 올라 있어서 책할 과실이 전무한 상태에 있지 않고서는 어느 누구도 행위로 말미암아 의롭다 하심을 얻을 수가 없는 것이다.

둘째 믿음을 통해서 그리스도의 의를 붙잡아 그 의를 입고 하나님앞에 나타날 때에 그리스도의 의의 전가에 의해 의롭다함을 얻을 수 있다고 말한다. 요컨대 칼빈은 '칭의는 우리가 죄인임에도 불구하고 그리스도의 의를 전가시켜 우리를 의인으로 받아 주시는 것'이라고 정의를 내리고 있다. 그러면서 칼빈은 칭의의 대한 이해를 돕기 위해 사도행전에서 나타나는 바울의 설교를 들어 설명한다.

너희가 알 것은 이 사람을 힘입어 죄사함을 너희에게 전하는 이것이며 또 모세의 율법으로 너희가 의롭다하심을 얻지 못하던 모든 일에도 이 사람을 힘입어 믿는 자마다 의롭다 하심을 얻는 이것이라. Therefore, my brothers, I want you to know that through Jesus the forgiveness of sins is proclaimed to you. Through him everyone who believes is justified from everything you could not be justified from by the lawfo Moses (행 13:38-39).

여기에서 의롭다 인정을 받는다는 것은 예수 그리스도의 의의 전가에 의한 것으로 죄의 사면과 동시에 의롭다 인정을 받는다는 것을 의미한다고 칼빈은 말한다.

C. 용서와 화해로서의 칭의

칭의는 죄의 용서 안에서만 가능하다. 어떻게 하나님의 심판이 용서로 바뀌는가? 칼빈이 용서에 대해 말할 때, 그는 죄의 완전한 제거와 죄인이 완전하게 의롭게 간주되어지는 것임을 강조한다.

칼빈은 칭의에 의해 주어지는 죄의 용서의 의미를 하나님과 화목하게 되는 사건과 같은 뜻으로 해석한다. 주께서 어떤 사람을 그의 공동체로 받아들인다면 그것은 그 사람을 의롭게 하는 것을 의미한다. 왜냐하면 죄인을 의롭다고 인정하지 않고서는 그를 은혜 안에 수용할 수 없기 때문이다. 칼빈의 다음 말에서 이러한 논리를 발견할 수가 있다.

하나님께서 그리스도를 통해서 우리를 기꺼이 받아들이시는 것은 우리를 하나님과 화해시키는 것이다.

칼빈은 고린도 후서의 말씀을 인용하면서 논증한다.

하나님이 죄를 알지 못하신 자로 우리를 대신하여 죄를 삼으신 것은 우리로 하여금 그의안에서 하나님의 의가 되게 하려 하심이니라. God made him who had no sin to be sin for us, so that in him we might become the righteousness of God(고후 5:21).

위의 말씀을 통해 그리스도는 우리의 화해의 수단이었고 화해란 의로 인정됨이라는 뜻과 같은 뜻이라고 칼빈은 강조한다. 사도 바울은 고린도후서 5:21에서 칭의와 화해를 구별 없이 사용하고 있다. 칼빈 역시 화해라는 말을 의로 인정됨이라는 말과 같은 뜻으로 이해했다.

칼빈의 이러한 칭의의 의미에 대해 그의 후예들이 이어 받고 있다. 개혁주의 신학자인 찰스 하지, 루이스 벌코프, 밀라드 에릭슨 등이 여기에 속한다. 그들 역시 칼빈과 동일한 의견을 가지고 있다.

II

칭의의 필요성

II. 칭의의 필요성

칼빈은 다음과 같이 타락한 인간에게 칭의가 필요함을 상론하고 있다.

A. 죄의 기원과 죄의 전가

칼빈은 인간의 죄의 기원을 인류의 첫 조상 아담에게서 찾는다. 특히 인간의 본성과 관련하여 아담은 그저 인류의 시조만이 아니라, 그의 부패로 말미암아 온 인류가 부패한 상태속에 있게 되었다는 것을 말한다. 아담의 한 범죄의 결과가 아담 한 사람에게만 국한 된 것이 아니라 온 인류에게 영향을 끼쳤다는 것이다. 아담의 불순종의 행위는 아담이 모든 인간을 대표하기 때문에 우리도 또한 그 행위에 포함된다. 아담이 하나님으로부터 받은 것은 우리 모두를 대표하여 받은 것이다. 칼빈의 다음 말은 이러한 사실을 뒷받침 한다.

아담이 그것을 상실하였을 때, 그는 그 자신뿐 아니라 우리의 것도 상실한 것이다. 아담의 죄는 또한 우리의 죄인데 그것은 생물학적 유전이 아니라, 아담을 통해서 아담의 모든 후손을 다루시기 때문에 결국 우리 역시 죄인의 운명에 처하게 된 것이다.

칼빈은 이어서 로마서 5장 12절을 통해서도 죄의 기원과 죄의 전가를 밝히고 있다. 아담은 인류의 조상으로 범죄 했을 뿐만 아니라 모든 후손의 대표적인 머리로서 타락했다. 그러므로 그의 죄책도 후손들에게 전해짐으로써 모든 인류의 후손이 죽음의 형벌을 받지 않을 수 없게 되었다. 즉, 우리는 다른 사람의 벌을 대신 받은 것이 아니라 우리 역시 아담을 좇아 불순종의 길을 걸어 왔기 때문에 모든 인간은 다른 사람의 죄에 의해서가 아니라 자신의 죄에 의해서 벌을 받아야 할 책임이 있다는 것이다.

요컨대 칼빈은 아담이 인류의 대표로서 그의 죄에 대한 실패로 온 인류가 죄인이 되어 칭의가 절대적으로 필요한 심각하고 비참한 상태에 이르렀음을 말하고 있는 것이다.

B. 타락한 인간의 본성

나아가 칼빈은 타락한 인간의 부패한 상태를 구체적으로 상세하게 설명하고 논한다. 타락은 영혼의 모든 부분들에 퍼지게 되었고, 우리를 하나님의 진노아래 있게 만들었으며, 그 후 우리는 육체의 일에 몰두하게 되었다고 말한다.

인간의 육체의 일은(갈 5:19) 선이 결핍된 것 뿐 아니라 가만히 있지 못하고 계속해서 온갖 악(음행, 더러운 것, 호색, 우상숭배, 술수, 원수 맺는 것, 분쟁, 시기, 분냄, 당짓는 것, 분열함과 이단 등)을 풍부하게 산출해 낸다.

칼빈은 사람 안에 있는 모든 것이 지성에서부터 의지에 이르기까지, 영혼에서 육체에 이르기 까지 정욕으로 가득 채워져 있고 더러워져 있음을 밝힌다.

만물보다 심히 부패한 것인 인간의 마음이라(렘 17:9)는 말씀을 통해 인간의 마음을 심하게 정죄하고 있다. 이것은 어느 특정한 시대의 타락한 도덕성을 질타하는 것이 아니라 우리의 본성의 한결같은 부패성을 탄핵하고 있는 것이다.

특별히 칼빈은 철학자들이 자랑하고 의지하는 이성, 곧 의지조차도 이제는 자유롭지 못하며 정욕에 사로잡히고 정복당한 상태라는 것을 말한다. 한마디로 타락전의 자유의지가 하나님의 원하는 선을 할 수 없는 상태가 되어 버렸으며, 의를 행할 능력도 전혀 없다고 진술한다. 이것은 모든 사람이 재난에 휩싸여 있으므로 하나님의 칭의의 은혜가 절대적으로 필요한 멸망과 파멸 속에 있다는 것을 입증하는 것이다.요컨데 칼빈은 죄로 말미암아 파멸과 저주와 심판을 받을 수 밖에 없는 인간의 부패성과 죄성을 드러냄으로, 즉 인간 스스로는 의롭다함을 인정받을 수 있는 능력이 없음을 통해 칭의의 필요성을 주장하고 있는 것이다

C. 율법을 통한 칭의 필요성

칼빈은 하나님의 공의는 인간이 범죄하면 반드시 죄에 대한 형

벌과 심판을 할 수 밖에 없는 속성을 가지고 있음을 강조한다. 여기서 칼빈은 범죄한 인간, 타락한 인간에게 있어서 무엇보다도 중요한 과제는 하나님의 심판과, 그 심판의 정죄에서 해방되는 일이며, 이것보다 더 중요한 과제가 없음을 강조한다. 그러면서 이와 같은 사실을 더욱 분명하게 깨닫게 하는 것이 바로 율법의 기능이라고 칼빈은 밝힌다. 칼빈은 율법의 기능을 크게 세가지로 나눈다.

첫째, 죄를 깨닫게 하는 기능.
둘째, 죄를 억제 하는 기능.
셋째, 믿는 자로서의 삶의 표준으로서의 기능을 말한다.

칭의의 필요성을 깨닫게 하는 역할 면에서는 칼빈이 말하는 율법의 첫째 기능을 좀 더 유의하여 살펴 볼 필요가 있다. 율법은 하나님 앞에서 죄를 깨닫게 하고 거울의 역할을 하며 자신의 부패함과 하나님 앞에서의 무능함을 알게 한다. 율법이 인정하는 우리의 범행이 중대할수록 우리의 책임을 묻는 심판도 엄중하다. 율법이 가입한 것은 범죄를 더하게 하려 함이다. 그래서 율법은 죽게 하는 직분으로서 죄에 대한 진노를 이루게 하며 죽인다. "율법으로는 죄를 깨달음이니라(롬 3:23)"고 한 바울사도의 발언은 여기에 해당된다. 그러면서 칼빈은 이에 대해 어거스틴의 말을 인용한다. "은총의 영이 없으면 율법은 우리를 고발하며 죽이기 위해서 있을 뿐이다."

칼빈은 율법을 주신 목적중의 하나는 그들을 율법아래 가두어 두기 위함이 아니라 그리스도안에 있는 구원에 대한 소망을 그가 오시기까지 견고히 하기 위함이라고 말한다. 즉, 율법을 통해 칭의가 필요함을 알게 된다는 것이다.

우리는 율법에서 의의 완전함을 배우게 된다. 사람이 율법을 완전히 준수함으로써 하나님의 심판대 앞에서 의로운 자로 인정받을 수 있다. 문제는 인간 스스로 율법을 완전히 지키는 것이 불가능하며 도리어 율법을 통해 생명의 약속에서 제외되고, 저주의 나락으로 다시 떨어지며, 약속들의 아름다움에서 자기 자신의 비참한 처지를 더 잘 알게 되고 구원의 소망이 끊어져버린 상태에서 스스로 확실한 죽음이 위협을 받게 되는 것이다.

그러므로 결국 율법으로는 오로지 절박한 죽음만을 깨닫게 되는 것이다. 즉, 인간은 율법 앞에서 자신의 죄를 의식하게 되는데 율법은 인간 자신의 불의를 보여 주고, 그의 죄를 확신 시키며 죄에 대해 정죄한다. 율법의 이러한 기능은 인간을 자신을 아는 지식으로 인도하며, 그렇게 하므로 인간에게 자신의 부정한 것을 고백하게 한다. 인간은 자신의 전 존재가 죄의 지배 아래 있다는 사실을 인정할 때, 우리의 의지 역시 죄의 속박 가운데 있다는 것을 깨닫게 된다. 그러므로 만약에 인간의 전 인격이 죄의 지배를 받고 있다면, 전 인격의 가장 중요한 자리라 할 있는 의지는 가장 강력한 죄의 끈에 의해 묶일 수밖에 없다. "누구든지 율법 책이 기록된 대로 모든 일을 항상 행하지 아니하는 자는 저주 아래 있는 자라"(갈 3:10)는 전면적인 저주를 보고서 두려움과 공포에 싸여 전율하지 않는다면 우리는 죄에 대하여 너무 둔감한 것이다.

요컨대 하늘의 심판주 앞에서 모든 사람이 각자 자기 죄의 책임을 인정하고 그것을 용서받고자 하는 마음이 생겨서 기꺼이 몸을 숙여 자기가 아무것도 아님을 고백하지 않는다면, 이 칭의에 대한 논의 자체가 어리석은 것이 되고 무력한 것이 되고 만다는 것이다.

나아가 칼빈은 인간의 노력과 선행과 어떤 종교적 행위로도 인간은 하나님 앞에서 의롭다함을 얻을 근거가 없다는 이 사실에서 무엇보다 인간에게는 값없는 칭의의 혜택이 절실히 필요한 상태라는 것을 밝힌다. 이를 위해 칼빈은 인간의 칭의의 필요성을 아담의 원죄에서 그 기원을 찾고 있으며 아담으로부터 물려받은 죄성과 부패성은 인간 스스로 죄의 문제를 개선할 수 없는 전적 타락으로 이끌었음을 밝히면서 특별히 이러한 인간의 죄책과 오염은 하나님이 계시하신 율법을 통해 죄인됨을 여실히 드러내므로 칭의의 필요성을 강조하고 있다.

즉, 죄로 인해 아담과 하와의 모든 후손들은 이제 타락한 본성을 갖고 태어나게 되었으며, 저주의 형벌 아래 놓여져 있게 되었으며, 이는 그들이 첫 번째의 죄를 행함에 있어서 그들의 머리와 대표자로 행동했던 아담과 연결되어져 있기 때문이라는 것이다.

그러나 이러한 칼빈의 주장에 비판하는 신학자들이 많이 있다. 아담의 타락의 역사성을 부인하는 대표적인 신학자로 칼 바르트와 에밀 부른너, 불트만, 니버 등을 들 수가 있다. 이 중 에밀 부른너는 설명하기를 원죄에 대한 어그스틴의 가르침은 성경적 죄론과 죄에 대한 참된 크리스찬 진리에 대한 하나의 변질이다.라고 했는데 우리가 보기에는 부른너는 칼빈을 대항하는 발언을 하고 있는 데, 이것은 원죄에 대해 오해를 하고 있는 것 같다.

그리고 미네마(Theodore Minnema)라는 신학자는 원죄의 실체 대하여 부정하는 니버의 견해 를 비판하고 있는데 그의 비판 견해는 칼빈의 주장을 지지하고 있다고 할 수 있다.

만일 부룬너처럼 아담의 역사성을 부인하게 되면 원죄도 부인하게 되고 죄의 전가도 부인함으로써 칭의의 필요성을 인정하지 않는다. 즉, 죄의 기원과 전가를 부정하는 이러한 견해는 칼빈이 말하는 칭의의 필요성에 대한 논지를 정면으로 부정하고 있는 것이다. 바울은 아담의 역사성을 전제하고 원죄를 논한다. 연구자가 볼 때 아담의 한 범죄로 온 인류가 타락하고 죄인이 된 사실의 역사성을 성경자체가 명백하게 증언하고 있음에도 불구하고 그들이 이 원죄의 역사성을 부인하고 있다고 본다. "한 사람(아담)으로 말미암아 죄가 세상에 들어오고 죄로 말미암아 사망이 들어왔나니 이와 같이 모든 사람이 죄를 지었으므로 사망이 모든 사람에게 이르렀느니라"(롬 5:12).

D. 중보자의 필요성

칼빈은 하나님과 죄인된 인간과의 화해를 위해 중보자가 필요한 이유와 중보자의 자격에 대해 다음과 같이 설명한다.

첫째, 인간은 죄 때문에 스스로 하나님 앞으로 나아갈 수 없으며 아담의 후손 가운데는 중보자가 나올 수 없기에 새로운 중보자가 필요하다고 말한다. 나아가 칼빈은 아담의 모든 후손은 치명적인 타락의 상태에서 죽음과 지옥에 이르는 존재로서 온갖 더러움과 부패함으로 얼룩져 있고, 모든 저주들로 인하여 압도되어 있는 처지에 놓여 있는 존재임을 밝힌다. 우리는 태어날 때부터 이미 진노의 자식이며, 또한 육체의 모든 생각은 하나님께 거역하기 때문이다. 한마디로 인간은 하나님과 전적으로 불화하고 그의 적이 된 것이 모든 인간이 처한 상황이라고 설명한다.

칼빈은 우리의 부정함과 하나님이 요구하시는 완전한 순결 사이의 이질성이 그 만큼 컸던만큼 아담의 후손이나 천사들 가운데서는 자기 의나 공로로 하나님의 요구에 이른다는 것은 불가능하다는 사실을 밝힌다. 칼빈에 의하면 설사 사람이 만일 오점이 없는 상태였다 해도 그의 상태가 너무나 비천하여 중보자 없이는 도저히 하나님께 이를 수 없다는 것이다. 우리의 죄악이 마치 구름처럼 우리와 하나님 사이에 가득 끼어 있어서 우리를 천국에서 완전히 격리시켜 놓았으므로(사 59:2) 하나님께 속한 자가 아니고서는 어느 누구도 평화를 회복시킬 중보자 역할을 감당할 사람이 없다고 한다.

심지어 아담의 자손은 물론이고 천사들 가운데서도 없음을 말한다. 칼빈은 설사 사람이 만일 오점이 없는 상태였다 해도 그의 상태가 너무나 비천하여 특별한 중보자 없이는 도저히 하나님께 이를 수 없다는 것이다.

거룩하신 하나님과 죄인인 인간 사이에 놓여 있는 거리는 너무도 멀어서 우리는 그곳에 이르는 길조차 찾아낼 수가 없고, 죄가 있는 곳에는 하나님의 진노만 있을 뿐이다. 그러므로 하나님이 스스로 우리의 죄를 사하여 줌이 없이는, 혹은 사하여 주시기 이전에는 우리가 하나님의 기준에 다다를 수 없고, 여기서 오직 우리를 향한 하나님의 자비가 요구된다고 하는 것이다.

하나님께로 돌아갈 필요성이 있는 우리에게는 그에게 이를 어떤 방법도 길도 가지고 있지 않으며 사실 돌아서기를 원하는 마음조차 없다고 한다. 그러므로 칼빈은 거룩하신 하나님과 죄인 된 인간의 화해를 위해서는 새로운 중보자가 필요함을 강조한다.

　둘째, 칼빈은 우리에게 중보자가 필요한 것은 하나님이 심판의 공의를 만족시키며 우리 대신 형벌을 받고 우리를 대표하여 순종할 사람이 필요하기 때문이라고 한다. 인간의 전적 타락과 부패함 속에서 유일한 단 하나의 구원의 길이 있을수 있는 데 그것은 하나님 스스로가 그의 반역한 피조물을 돕기 위하여 우리에게로 내려오는 것이다.

　칼빈은 타락한 인간의 구원을 위해 예수 그리스도가 구세주가 되심이 반드시 필요하였음을 설명하면서 그 예수가 곧 반역한 인간들을 돕기 위해 내려온 성육신한 하나님이심을 강조한다. 예수는 '하나님과 인간의 화목을 위한 요건으로서 불순종으로 말미암아 잃어버린 것을 순종으로 그것을 시정하는 즉 하나님의 심판을 만족시키고, 죄에 대한 형벌을 치러야 하는 것이 중보자의 사명 이었다'라고 지적한다.

　그 중보자는 하나님만으로는 죽음을 느끼실 수가 없고, 사람만으로는 죽음을 이길 수가 없었으므로 그는 신성과 인성을 동시에 취하셔서, 속죄를 위하여 자신의 인성의 연약함을 죽음에 굴복시키고, 또한 신성의 권능으로 죽음과 싸우셔서 우리를 위하여 승리를 얻고자 하신 것이다. 바로 이 중보자가 성경에서 말하는 예수 그리스도임을 밝힌다. 그리고 중보자는 우연히 된 것이 아니라 만세전에 하나님이 작정하신 것이다.

즉, 중보자로서의 예수 그리스도는 인간이 고안해 낸 방법이 아니라 지극히 자비하신 우리 하나님 아버지께서 인간을 위해 마련하신 최선의 작정의 한 방법이었다는 것이다.

연구자가 볼 때 칼빈은 이 예수그리스도의 중보사역에 의해서만 죄인이 칭의함을 받을수가 있음을 지적한 것은 거룩하신 하나님과 범죄한 죄인 사이에 화목을 가능케 할 수 있는 분은 예수 그리스도외에는 아무도 가능하지 않음을 밝히고 있는 점에서 중보자의 유일성과 중요성을 잘 드러내고 있다고 본다.

III

칭의의 근거
– 그리스도의 대속사역

Ⅲ. 칭의의 근거
- 그리스도의 대속사역

A. 중보자의 자격- 그리스도의 인성과 신성이 가지는 의미

칭의가 이루어지기 위해서는 예수그리스도가 왜 하나님이면서 인간이어야 하는가? 칼빈은 중보자의 자격으로서는 참 하나님이시며 동시에 참사람이시라는 사실이 가장 중요한 문제라는 것을 강조한다

그분이 인성을 지니셔야했다는 의미는 중보자의 화목 요건은 곧 인류의 대표인 아담이 불순종으로 인하여 잃어버린 상태가 되었으므로 두 번째 인류의 대표로서의 순종으로 그것을 시정하고 하나님의 심판을 만족시키고, 죄에 대하여 형벌을 치러야 한다는 것이다.

그리하여 우리 주님이 참 사람으로 오셔서 아담의 인격과 이름을 취하여서 아담을 대신하여 아버지께 순종을 이루시며, 우리의 육체를 대표하여서 하나님의 의로우신 심판을 만족시키는 값으로 내어 놓으시고, 그 육체로써 우리가 치러야 할 형벌의 값을 치르신 것이다. 즉, 그는 자신의 육체의 희생 제물로 말미암은 대속의 행위로써 우리의 죄책을 씻으셨고, 아버지의 의로우신 진노를 만족시킨 것이다. 그러기에 이 사역은 예수 그리스도가 인성을 지니셔야 가능한 사역 이었다고 말한다.

그러나 또 다른 한편으로는 사람만으로 사망의 권세를 이길 수 없고, 세상과 공중의 권세들을 무찌르며, 우리의 죄를 사하며 의와 거룩함과 구원을 베푸는 권세를 주며, 또한 그가 세상의 빛으로, 선한 목자로, 유일한 문으로, 참된 포도나무가 되기 위해서는 당연히 그가 하나님이어야 했음을 설명한다. 이 두 가지 요소를 함께 충족시키는 분이 바로 하나님이면서 동시에 인간이신 예수 그리스도 이시다.

B. 그리스도의 죽음과 부활의 의미

칼빈은 칭의의 근거로써 예수 그리스도의 죽음과 부활에 대하여 언급하면서 그 이유를 이해하기 위해서는 다음과 같은 두 가지의 질문이 필요함을 지적한다. 먼저는 '왜 그리스도의 희생과 죽음이 칭의의 근거가 되는가?' 또 하나는 '왜 그의 부활이 칭의의 근거가 되는가?' 라는 질문이다.

첫째, 왜 그리스도의 희생과 죽음이 칭의의 근거가 되는가?

칼빈이 이해 한 그리스도의 희생과 죽음의 의미는 크게 두 가지로 요약할 수 있다. 칼빈은 그리스도의 죽음의 의미는 죄와 심판에 대한 하나님의 공의의 만족 이라는 의미를 가진다고 말한다.

우리는 다음과 같은 칼빈의 말에서 이것을 발견할 수가 있다.

우리가 하나님과의 화해를 해야 하는 또 다른 이유는 불순종으로 자기를 상실한 인간이, 치유의 방법에 의하여 불순종으로 대처해야 하며, 하나님의 공의를 만족시키고, 죄의 값을 지불해야만 한다는 것이었다. 즉 그리스도께서 죽으심으로 대속의 희생 제물로 아버지께 드려지심으로써 그의 희생을 통하여 모든 보상이 이루어

졌으므로, 우리가 하나님의 진노하심을 두려워하지 않게 되었다는 것이다.

칼빈은 다음의 성경말씀의 인용을 통해서도 이 사실을 명백하게 증거하고 있다. "하나님이 죄를 알지도 못하신 이를 우리를 대신하여 죄로 삼으신 것은 우리로 하여금 그 안에서 하나님의 의가 되게 하려 하심이라"(고후 5:21). 즉, 그리스도의 죽으심은 우리의 죄에 대한 대속의 죽으심으로 칭의의 근거가 됨을 증거하고 있다.

그 다음 칼빈은 칭의의 근거로써 예수그리스도의 죽음의 의미를 순종과 연관시킨다. 즉, 그리스도의 희생을 통한 대속의 사역을 형벌대속의 의미로도 강조하지만 동시에 그의 죽음을 순종의 차원에서 설명한다. '인간의 타락이 아담의 불순종으로 말미암아 초래되었다면 이 인간을 회복하는 것도 하나님의 의를 충족 시키며 죄에 대한 형벌을 위해서는 둘째 아담으로서 순종해야 할 것을 요구한다는 것이다.
요컨대 예수 그리스도의 죽음의 의미는 신실한 순종을 통해 하나님의 의를 만족시킨 것이라는 것이다.

이것은 그리스도께서 육신을 취하시고 사신 지상 생애가 율법의 완전한 의를 성취 했다는 사실을 의미한다.

이러한 의미에서 그리스도의 모든 생애는 순종의 삶이었다. 그는 하나님의 종으로 완전한 순종의 삶을 사신 것이다. 그리고 그가 율법에 대한 완전한 순종의 삶을 사신 것은 우리가 행할 수 없는 것을 대신 행하시므로 우리에게 의를 전가하기 위한 것으로 곧 칭의의 근거를 마련하기 위해서였다.

칼빈은 로마서 5장 19절의 "한 사람이 순종하지 아니함으로 많은 사람이 죄인된 것 같이 한 사람이 순종하심으로 많은 사람이 의인 되리라"라는 말씀을 통해 이를 증거하고 있다. 요컨대 칼빈은 그리스도의 희생과 죽으심의 의미는 믿는자의 죄의 대속을 위한 형벌대속의 의미를 갖는 동시에 순종을 통해 의를 이루심으로 그것이 곧 우리의 칭의의 근거가 됨을 논증하고 있는 것이다.

둘째, 왜 그의 부활이 칭의의 근거가 되는가? 칼빈은 그리스도께서 우리 죄를 위한 죽으심이 부활과 연결되지 않으면 속죄사역의 모든 것이 불완전하다고 말한다.

즉, 복음의 핵심주제가 우리를 위한 대속적 죽음과 부활이라는 것이다. 그리스도의 죽으심에서 구원이 완전히 성취되었다. 왜냐하면 그것을 통해서 우리가 하나님과 화목 되었고, 그의 의로우신 심판이 보상되었고, 저주가 제거되었고, 형벌의 완전히 값을 치른 것이기 때문이다. 그럼에도 불구하고 칼빈은 우리는 그리스도의 죽으심을 통해서가 아니라 '예수 그리스도를 죽은 자 가운데서 부활하게 하심으로 말미암아 우리를 산 소망이 있게 하셨다'(벧전 1:3) 는 말씀을 통해 부활을 강조한다.

특히 칼빈은 그리스도께서 우리의 죄로 인한 형벌인 죽음을 당하심으로 말미암아 죽음의 불행으로부터 우리를 건져 주셨고, 또한 그리스도께서 우리의 칭의를 위하여 다시 살아나셨음을 강조한다.

그가 부활하심으로 말미암아 우리에게 생명이 충만하게 회복되었다는 것이다. 그가 먼저 하나님의 손의 매를 맞으심은 그가 죄인의 몸으로 죄의 고통을 경험하기 위함이었으며, 그리고 후에 그가 생명의 왕국으로 높이 올리우신 것은 그가 그의 백성에게 의와 생명을 값없이 주시기 위함이었다.

그리고 이를 통해 칭의의 근거가 마련되었다고 칼빈은 말한다. 칼빈은 "예수는 우리가 범죄한 것 때문에 내어줌이 되고 또한 우리를 의롭다 하시기 위하여 살아나셨느니라"(롬 4:25)는 말씀을 통해 "그의 죽으심으로 말미암아 죄가 제거되었고, 그의 부활하심으로 말미암아 의가 소생하고 회복되었다."라고 말한다. 그리스도께서 죽음에 굴복해 버리셨다면 어떻게 그의 죽으심이 우리를 죽음에서 해방시킬 수 있었겠는가? 그가 그 싸움에서 지셨다면 그가 어떻게 우리를 위해 승리를 얻을 수 있었겠는가? 그러므로 그의 죽으심을 통해 죄가 제거되었고 죽음이 소멸되었으며, 그의 부활을 통해서는 의가 회복되었고 생명이 일어났다고 말한다.

칼빈은 나아가 그리스도의 부활의 또 다른 의미로써 '그분이 높아지심은 우리에게 의를 가져다주기 위한 근거이며 또한 그리스도께서 인성으로 오셔서 하나님의 모든 율법의 요구에 순종하신 즉, 그분 자신의 사역의 보상임을 말한다. 이 말은 예수 그리스도의 지상 사역에서의 율법에 대한 온전한 순종의 결과로 부활의 보상이 주어졌다는 말과도 동일하다고 할 수 있다.

이같이 예수 그리스도의 죽으심과 부활은 그분이 믿는자의 대표로서 우리 역시 일종의 보증을 받음으로써 우리자신의 부활에 대해서 확신을 갖게 한다고 말한다. 즉 칼빈은 그리스도의 죽으심을 통해 우리의 죄에 대한 대속과 순종의 의를 이루셨고, 나아가 그 자신이 부활함으로 그를 믿는자의 의가 회복되고 생명이 일어남으로 죽으심과 부활이 곧 칭의의 근거가 된다고 설명한다.

IV

칭의의 적용
– 성령의사역

Ⅳ. 칭의의 적용
- 성령의 사역

　칼빈은 기독교 강요 제3권에서 아버지께서 그의 독생자에게 주신 여러 유익들을 우리가 어떻게 받을 수 있는가를 설명하고 있다. 특별히 칭의의 적용에 있어서는 그리스도와의 신비적 연합을 통해 이루어짐을 밝히고 있다. 그리스도가 성취하신 죄인을 위해 행하신 십자가의 대속사역도 개인에게 적용되지 않으면 아무 소용이 없음을 지적한다.

　왜냐하면 우리가 그와 한 몸이 되기까지는 그가 가지신 것이 우리와 아무 상관없기 때문이라고 말한다. 우리는 칭의의 적용을 제대로 이해하기 위해서는 다음 네 가지 질문을 통해 더 명확히 알 수가 있다.

첫째, 왜 칼빈은 그리스도와의 연합을 중요하게 다루고 있는가?

둘째, 그리스도와의 연합을 가능케 하는 주체는 누구인가?

셋째, 그리스도와의 연합에 있어서 꼭 필요한 믿음의 본질은 무엇인가?

넷째, 믿음의 출처는 어디인가?

다섯째, 칭의의 적용에 있어서 그리스도와의 연합을 통해 무엇이 일어나는가? 질문을 통해 그 답을 찾을 때, 칼빈이 말하는 칭의의 적용을 제대로 이해 할 수 있다고 본다.

A. 그리스도와의 연합의 중요성

칼빈은 칭의의 적용에 있어서 그리스도와의 연합을 강조한다. 왜냐하면 우리가 그와 하나가 되지 않고서는 그가 소유하시는 모든 것이 우리와 아무런 상관이 없기 때문이라고 말한다. 즉, 그리스도와 신비한 연합이 이루지지 않으면 그리스도로부터 어떤 은혜도, 축복도 아무 유익도 누릴 수가 없기 때문이라는 것이다.

우리가 그리스도 바깥에 있고 그로부터 분리되어 있는 한, 그가 인류의 구원을 위하여 친히 당하시고 행하신 모든 것이 우리에게 아무 소용이 없고 또한 전혀 유익이 되지를 못한다는 점이다. 그리스도께서 우리의 것이 되시고 또한 전혀 우리 속에 거하셔야만 비로소 그가 아버지께로부터 받으신 축복들을 우리와 함께 나누실 수 있게 되는 것이다.

요컨대 칼빈은 그리스도가 성취하신 대속사역 즉, '칭의의 근거도 그리스도와의 연합을 통해 적용될 때 비로소 가능하다'라는 것이다.

칼빈은 그리스도와 연합의 방법에 있어서 이해를 돕기 위해 이러한 내용을 성경의 표현을 들어 설명하고 있다. 그리스도는 '우리의 머리'(엡 4:15)로 불리며, '많은 형제 중에서 맏아들'(롬 8:29)이라고 불려진다. 또 우리 편에서는 우리가 그에게 '접붙임'을 받으며(롬 11:17), '그리스도로 옷 입는다'(갈 3:27)고 하였다.

이는 이미 말한바와 같이 그와 한 몸이 되기까지는 그가 가진 것이 우리와 아무런 상관이 없기 때문이다. 칼빈은 위의 네 가지 설명 외에도 결혼의 비유를 들어 적절하게 설명한다. 결혼관계를 통해 우리와 그리스도의 연합은 '거룩한 결혼을 통해 우리가 그의 몸이 되고 그의 뼈 중의 뼈가 되며 따라서 그와 하나가 된다.'(엡 5:30)는 것이다.

그러면서 칼빈은 사실 우리와 그리스도와의 연합관계는 실제 결혼 관계의 차원을 넘어서는 즉, '인간의 결혼관계를 통해 설명될 수 있는 비유 이상의 것이다'라고 말한다. 왜냐 하면 그리스도와의 연합은 신비로운 연합이기 때문이라는 것이다. 칼빈의 다음의 말도 이에 대한 설명에 도움을 준다.

그리스도와 우리의 연합으로 인하여 어떤 의미에서 그는 자기 자신을 우리에게 모두 쏟으셨다. 그를 통해 우리에게 생명을 주시기 위해 그는 우리와 같이 인간이 되셨을 뿐 아니라 성령의 능력으로 우리를 그에게 접붙여 우리는 그의 뼈 중의 뼈요, 살 중의 살이 되는 것이다.

요컨대 칼빈은 '그리스도와의 신비적 연합을 통하여 신부된 교회는 신랑이 이루어 놓은 모든 유익과 축복을 얻게 되며, 신비적 연합을 통하여 우리가 그와 하나가 된다'고 주장한다. 칼빈은 그리스도와 우리가 분리되어 있는 한 그리스도와 상관이 없음을 밝힌다. 그리스도와 연합될 때 만이 모든 영적 유익이 주어짐을 강조한다.

B. 그리스도와의 연합의 주체

칼빈은 그리스도가 성취한 모든 대속의 은혜를 성령의 역사에 의해 얻게 된다고 말한다. 그래서 성령을 그리스도께서 우리를 자신에게 효과적으로 연결시키는 띠 라고 말한다. 그러면서 칼빈은 '그리스도가 없이도 성령이 거할 수 있다고 기대하는 사람들은 잘못된 것이다. 마찬가지로 성령 없이 그리스도를 만날 수 있다고 꿈꾸는 사람들도 어리석고 불합리한 자들이다. 둘 다 믿어야 한다. 성령은 그리스도를 떠나서는 그 어느 곳에서도 발견될 수 없다. 그리스도는 그러한 목적을 위해서는 우리가 의지해야 할 분이다. 더구나 그리스도는 그의 영과 분리 될 수 없다. 만일 그렇게 된다면 그는 죽어서 자신의 능력을 다 소진시킬 것이다.'라고 말한다.

요컨대 칼빈은 그리스도와 연합에 있어서의 주체는 바로 성령의 사역에 의한 것임을 밝히고 있는 것이다.

C. 연합에 있어서 믿음의 본질

칼빈은 그리스도의 연합에 있어서 믿음의 역할은 무엇이며 그리고 그 믿음의 본질은 어디에 있는가를 언급한다. 우리의 구원을 위해 예비하신 모든 유익을 얻고 그와 연합하기 위해 우리는 믿음으로 그리스도 앞에 나아가야 하며 믿음으로 그리스도와 연합 할 수 있고, 믿음으로 그의 의를 전가받아 하나님 앞에 칭의함을 받을 수 있음을 밝히고 있다.

믿음이 우리를 그리스도의 몸에 접붙여 주지 못한다면 어떻게 그것을 구원이라 하겠는가? 그러므로 칼빈은 믿음을 정의할 때 그리스도와의 연합을 가능케 하는 믿음 즉 구체적 효과를 가져다주는 믿음을 강조한다.

칼빈은 믿음에 본질에 대해 특별히 약속과 연합이라는 두 가지를 강조한다.

첫째, 값없이 주신 약속에 도달하기까지는 믿음이 견고히 설수 없다.

둘째, 믿음이 우리를 그리스도와 연합시켜 주지 않으면, 우리는 절대로 하나님과 화목 될 수 있는 방도가 없다는 것이다.

즉 믿음에 의해 신자와 불신자, 자녀와 악인들과 구별시켜 주게 된다는 것이다.

칼빈의 다음의 말에서는 믿음을 통한 그리스도와의 연합을 통해 무엇이 일어나는지를 보다 구체적으로 설명한다. 그것은 우리에게 의를 전가 시켜 줌으로써 하나님앞에서 의를 갖게 해주는, 다시 말해서 '그리스도와 연합'의 자리로 우리를 인도하는 것이 곧 믿음이라는 것이다.

그리스도를 우리에게 주셨으므로, 우리는 믿음으로 그를 깨닫고 소유하는 것이다. 그리고 믿음으로 그를 소유하게 되면 두 가지 은혜를 받게 된다. 곧 첫째, 그리스도의 의로 말미암아 우리가 하나님과 화목 됨으로써 하나님께 재판관이 아니라 자비하신 아버지가 된다는 것이요 둘째, 그리스도의 영으로 말미암아 거룩하게 되어 흠이 없고 순결한 삶을 배양하게 된다는 것이다.

여기 칼빈의 말에서 우리는 믿음에는 칭의 뿐만 아니라 성화까지 필연적으로 따라오게 된다는 사실을 알 수 있다. 믿음에 의해 의롭게 되고 믿음에 의해 성화의 삶이 가능하다는 것이다.

D. 믿음의 출처

칼빈은 그리스도와의 연합이 반드시 믿음을 통해 이루어짐을 말하면서 동시에 그 믿음의 근원(출처)은 어디에 있는가를 명확하게 밝히고 있다. 칼빈은 믿음의 근원을 인간의 신념이나 의지에 두지 않고 성령님과 말씀에 둔다. 우리는 칼빈의 다음의 말에서 그 근거를 발견한다.

성령의 주된 역사는 바로 믿음이다. 따라서, 성령의 능력과 역사하심을 표현하는 일상적인 용어들은 대개의 경우 믿음과 관련이 있다. 왜냐하면 오직 믿음으로서만 그가 우리를 복음의 빛으로 인도하시기 때문이다.

칼빈의 다음의 말들도 믿음이 말씀에서 생겨남을 논증하는 말이다.

믿음과 말씀사이에 영구한 관계가 있다는 점을 상기하여야 한다. 태양과 거기서 나오는 광선을 분리시킬 수 없듯이 믿음과 말씀도 서로 분리시킬 수가 없다. 이사야에서 '내게로 나와 들으라 그리하면 너희의 영혼이 살리라' 그리고 사도 요한은 '이것을 기록함은 너희로... 믿게 하려 함이라'는 말씀 가운데서 이러한 믿음의 동일한 근원을 보여 주고 있다.

믿음은 하나님의 말씀을 근거로 하여 우리를 향하신 하나님의 뜻을 아는 것이다. 그러나 이 믿음의 기초는 그 이전에 생각을 통하여 얻어진 하나님의 진리에 대한 깨달음(a preconceived conviction of God's truth)에 있는 것이다.

E. 그리스도와의 연합을 통해 일어나는것

칼빈은 연합을 통해 우리에게 주어지는 가장 으뜸이 되는 선물은 바로 의(righteous-ness)라고 보았다. 그리스도와 연합될 때, 우리와 그리스도 사이에는 교환이 일어나게 되는데 이 교환을 통해 우리는 하나님 앞에서 의롭게 된다는 것이다. 다시말해 믿는 자에게 의가 전가된다는 것이다.

그의 의가 우리에게 전가된다. 왜냐하면 우리가 그리스도를 옷 입고 그의 몸에 접붙여지기 때문이다. 간단히 말해서 그가 우리를 자기와 하나로 만드시려고 계획하시기 때문이다.

여기서 말하는 전가는 교환과 관계가 있는 것이다. 그리스도는 우리 모두의 죄를 위해 자신을 내놓으셨고, 우리는 그의 의를 받는다. 예수 그리스도 안에서만 그와 하나 될 수가 있고 이 교제가 가능한 것이다.

어떻게 우리가 하나님 앞에서 의롭다 여김을 받을 수 있는가? 그것은 그리스도가 죄인이 된 것 같은 방식에서 확실히 가능하다. 어떤 의미에서 그는 우리의 자리를 대신해서 범죄자가 됨으로써 죄인 취급을 받으셨다. 자기 자신의 잘못 때문이 아니라 다른 사람들의 잘못 때문인 것이다.

그가 모든 잘못과 무관하며 깨끗하시지만, 형벌을 대신 받으심으로 우리가 그의 안에서 이제 의롭게 되는 것이다.

요컨대 칼빈은 우리가 그리스도와 연합될 때 죄가 그리스도에게로 전가되고 그리스도의 의가 우리에게 전가됨으로 칭의함을 받는다는 것이다.

V

칭의와 회개

V. 칭의와 회개

A. 칼빈이 말하는 회개의 정의

칼빈은 '회개와 믿음의 관계는 서로 분리될 수 없는 영원한 끈으로 묶여 있지만 그렇다고 혼합시킬 수 없는 것이라고 말한다. 종종 우리는 다음과 같은 의문을 품는다. 회개가 먼저인가 믿음이 먼저 인가? 어떤 신학자는 회개가 믿음에 앞선다고 말한다. 그러나 칼빈은 분명이 회개는 믿음에 뒤따라 오는 것이라고 말한다.

칼빈의 다음의 말에서 이를 확인 할 수 있다. 회개는 끊임없이 믿음을 뒤따라야 할 뿐 아니라 믿음으로부터 나와야 한다. 이 점은 논쟁의 대상이 될 수 없는 명확한 사실이다....그러한 사람은 회개의 능력을 결코 알지 못하는 사람임에 틀림없다.

　우리는 어느 것이 우선인지 단정하기가 쉽지 않다. 분명한 사실은 회개가 믿음과 구별될 수 있고 또 이 두 가지는 결코 분리할 수 없다는 사실이다. 이 두 가지는 중생으로부터 나오며 회심의 두 가지 측면이라 할 수 있다. 존 머레이는 이 점을 잘 지적하고 있다.

　구원으로 이끄는 믿음은 참회하는 믿음이며 생명으로 이끄는 회개 역시 신앙적인 회개이다....믿음은 죄로부터의 구원을 얻기 위하여 그리스도를 믿는 믿음이다. 그러나 믿음이 죄로부터의 구원을 향한 것이라면 마땅히 죄를 증오하고 죄로부터 구원받아야 한다는 갈망이 있어야만 할 것이다. 죄에 대한 이러한 증오는 회개를 수반한다... 다시 말해서 회개가 죄에서 돌이켜 하나님을 향하는 것임을 기억한다면 하나님을 향하여 돌이킨다는 것은 곧 그리스도 안에 나타난 바 된 하나님의 자비를 신뢰하는 믿음을 가리킬 수 밖에 없다. 믿음과 회개를 격리시키는 일은 불가능하다. 구원받는 믿음은 회개속에 깊이 잠겨져 있으며 회개 역시 믿음 속에 깊이 스며져 있다.

요컨대 우리는 위의 사실을 감안할 때 칭의가 믿음을 통해 얻게 되며 아울러 회개는 믿음에 뒤따라오며 믿음과 분리되지 않는다는 사실을 통해 회개 역시 칭의와의 밀접한 관계를 갖고 있음을 알 수 있다.

B. 회개의 의미

우리는 칼빈이 말하는 회개의 의미를 다음의 말을 통해 세가지 요점으로 정리 할 수가 있다.

회개에 해당하는 히브리어는 전환(conversion)또는 귀환(return)이란 뜻에서 유래 하였고, 헬라어는 마음의 변화 또는 의도의 변화를 뜻한다. 그리고 실제 뜻은 이 두 단어의 어원에 밀접하게 일치된다. 그 뜻은 우리 자신을 떠나서 하나님께로 향하며 우리마음을 벗어버리고 새 마음을 입는다는 것이다. 그렇기 때문에 회개의 올바른 정의는 다음과 같다. 곧 회개는 우리의 생활을 참으로 하나님께로 전향하는 것이며, 하나님을 순수하게 또 진실하게 두려워하기 때문에 전향하는 것이다. 그리고 회개는 옛사람과 육의 죽음

(mortification)과 영의 살림(vivification)으로써 구성된다.

첫째로 하나님께로 돌이킴:

칼빈은 삶을 하나님께로 돌이키는 것을 회개의 참된 특성이라고 설명한다. 여기서 돌이킴이란 단순히 외적인 변화만이 아니라 영혼 그 자체 속에 일어나는 변화가 있어야 함을 강조한다.

'옛 본성을 버려야만 비로소 본성이 새로워진 사실에 맞는 행위의 열매들이 생겨 나는 법이다.'라고 설명한다.

칼빈은 예레미야 4장의 말씀을 통해 회개의 참된 성격을 드러내고 있다.

"여호와께서 가라사대 이스라엘아 네가 돌아오려거든 내게로 돌아오라. 너희 묵은 땅을 갈고 가시덤불에 파종하지 말라 ... 너희는 스스로 할례를 행하여 너희 마음 가죽을 베고 나 여호와께 속하라."(렘 4:1, 3-4) 여기서 칼빈이 말하는 참된 회개의 성격은 단순한 외적 변화만이 아니라 내적인 마음의 진정한 변화를 말함을 알 수 있다.

두번째로 칼빈이 말하는 진정한 회개는 하나님을 향한 진지한 두려움에서 생겨난다는 것이다. 그는 '하나님의 죄에 대한 심판을 깨달아 일깨움을 받아야만 비로소 죄인의 마음에 회개할 의향이 생기는 법이다.'라고 말한다. 회개는 죄를 무서워하고 싫어하는 것과 함께 시작된다는 것이다.

칼빈은 '성경이 회개를 촉구할 때에 반드시 심판을 언급하고 있는 사실에 근거하여 회개치 않으면 하나님의 심판이 임한다는 사실을 통해 더욱 하나님을 두려워 하는 마음이 생긴다'고 성명한다.

그러면서 칼빈은 바울의 설교로 예를 들어 말한다 "알지 못하던 시대에는 하나님이 간과하셨거니와 이제는 어디든지 사람에게 다 명하사 회개할 기회를 주셨으니 이는 천하를 공의로 심판할 날을 작정하셨음이라."(행 17:30-31)

세 번째로 칼빈은 '회개는 두 부분 즉, 육체를 살리는 일과 영을 살리는 일'이라고 말한다. 칼빈은 '우리의 육체가 악과 패역으로 가득 차 있기 때문에 우리 자신을 벗어버리고 우리의 타고난 성정과 결별한다는 것은 매우 어려운 일이 아닐 수 없다'라고 말한다.

뿐만 아니라 우리 자신에게서 나오는 모든 것을 전부 다 씻어내지 않고서는 육체를 완전히 멸했다고 생각 할 수도 없다는 것이다.

육체의 감정들이 하나님을 대적하므로 그의 율법을 순종하는 데로 나아가는 첫걸음은 바로 우리 자신의 본성을 부인하는 데 있다는 것이다.

자기를 부인하는 일이 선행되지 않고서는 절대로 올바른 것에게로 나아가게 될수 가 없다.

칼빈은 '살리는 것은 성령으로 그의 거룩하심을 우리의 영혼 속에 불어 넣으사 그의 거룩하심 속에서 푹 젖어 새로운 생각과 느낌을 갖도록 하셔서 전적으로 새로워진 상태가 되도록 하시는 것이다.'라고 한다.

더 나아가 칼빈은 '옛 사람을 벗어버리고 세상과 육체를 포기하고 우리의 악한 정욕과 작별을 고하며, 심령이 새롭게 되어 죽이는 일과 살리는 일은 그리스도안에 참여함으로써 우리에게 일어난다'고 말한다.

만일 우리가 그리스도의 죽음에 진정으로 참여하면, 우리 옛사람이 그의 능력으로 십자가에 못 박히고 죄의 몸이 멸하여져서(롬 6:6) 우리의 본성의 부패성이 더 이상 활개를 치지 못하게 된다는 것이다.

VI

칼빈의 칭의 이후의
삶에 대한 이해

VI. 칼빈의 칭의 이후의
삶에 대한 이해

1. 칭의와 성화의 관계

많은 경우 칼빈의 칭의와 성화와의 관계를 오해하고 있다.

칼빈의 성화 개념을 잘못 이해하는 부분 중 하나는 성화를 칭의 이후의 삶 즉, 중생 후 죽을 때 까지의 삶을 성화라고 이해하고 있다.

그러나 칼빈은 그리스도인이 칭의를 받을 때 동시에 성화를 함께 받는 것으로 이해 한다. 하나님께서 성령으로 말미암아 우리를 그리스도와 연합하게 하시고 그 결과로써 이중 은혜(duplex gratia), 곧 칭의(iustificatio)와 성화(sanctificatio)의 은혜를 함께 누리게 된다는 말이다.

칭의와 성화는 서로 동시적이며 불가분리적인 관계에 있음을 명확하게 하고 있는 것이다.

칼빈은 이런 관점에서 칭의 이후의 삶을 성화라고 하지 않고 칭의의 지속적인 발전 혹은 칭의 이후의 삶이라고 부른다.

칭의와 성화는 서로간에 구별은 필요하나 이 둘은 서로 분리할 수 없는 관계임을 밝힌다. 그리고 칭의 이후에 성도가 추구해야 하는 삶도 계속적으로 의로운 삶을 사는 것이며 거룩한 삶을 추구해야 된다는 것이다.

예수 그리스도를 분리해 나눌 수 없듯이 이 두 가지도 서로 떼어놓을 수 없다는 것은 우리가 그 둘을 함께 받기 때문이다. 즉, 칭의 없는 성화가 없고 성화가 없는 칭의가 없는 것이다. 다시말해 구원받을 때 칭의와 성화가 동시에 이루어지기 때문에 두 주제에 대한 중요성을 어느 한 쪽을 무시하거나 더 강조할 수가 없는 것이다.

이런 점에서 칼빈은 '구원과정의 다양한 국면들이 연속되는 단계들이 아니라 동시적인 사건들임을 인식해야 한다'고 말한다. 칼빈에게서는 성화에 대한 논의가 칭의를 고려하면서 전개되는 것처럼 칭의에 관한 논의는 성화를 고려하면서 전개 된다. 칼빈주의 신학자인 프랑수아 방델도 칼빈이 말하는 칭의와 성화의 관계를 아래와 같이 잘 설명하고 있다.

성화는 칭의의 목적이 아니다. 성화는 칭의와 같은 근원에서
비롯되는 것이지만, 독립적인 것이며, 보다 엄밀히 말하면 칭의
와는 별개의 것이다. 칼빈은 그리스도와의 연합으로부터 비롯되
는 두 은혜를 통합하는 띠의 존재와 본성에 관하여 거듭 강조하였
다. 주목할 만한 것은 이러한 띠가 바로 그리스도 안에(insitio in
Christum) 그리스도와의 연합속에서 혹은 교제 가운데 있음을 보
여 준다.

칼빈은 이 두 주제의 관계에 대한 이해를 돕기 위해 태양의 빛과
열의 관계로 설명하고 있다. 즉, 태양은 그 열로 땅에 생기와 결실
을 주며, 그 광선으로 땅을 비추며 밝게 함을 예로 들어 칭의와 성
화사이의 불가분의 관계를 설명한다.

요컨대 칼빈은 칭의와 성화를 그리스도와의 연합이라는 토대위
에 함께 두고 있다. 칼빈은 이 두 개념을 이중 은혜라고 한다. 칭의
와 성화는 그리스도를 둘로 나눌 수 없듯이 어느 한 쪽을 분리하거

나 배제시킬 수 없는 불간분의 관계라는 것이다. 나아가 칼빈은 칭의 이후의 삶이 칭의의 한 법정적인 한 순간의 선언으로 끝나는 사건이 아니라 칭의를 받은자에게 필연적으로 따르는 칭의 이후의 삶속에서 계속적으로 의로운 삶과 거룩한 삶을 동시에 추구해야 하는 것임을 강조한다. 칼빈의 노선을 따르는 후대 개혁주의 신학자들이 작성한 신앙고백서 가운데 웨스트민스터 질의 응답서에도 칼빈이 말하는 칭의와 성화의 관계를 잘 설명하고 있다.

칭의와 성화가 다른 것은 무엇인가? 성화가 칭의와 불가분리의 관계에 있으며 긴밀하게 연결되어 있음에도 불구하고 그것들은 다음과 같은 요점에 있어서 서로 다르다. 칭의는 그리스도의 의를 전가하는 한편, 성화는 그리스도의 영이 은혜를 주입하고 적용시키는 것이다. 전자에 있어서 죄는 사면 받는 것이나, 후자에 있어서 죄는 정복을 당한다. 칭의는 모든 신자들을 동일하게 하나님의 보응하시는 진노에서 동일하게 완전히 자유케 함으로 다시는 정죄를 당하게 하지 않는다. 반면에 성화는 모든 신자들에게 동일하지도 않고 이 지상의 삶에서 완전하게 만들지도 않는다. 그것을 다만 완전을 향하야 나아가게 할 뿐이다.

칼빈이 말하는 칭의에 대한 전체적인 이해가 부족한 신학자들은 '칼빈의 가르침은 지나친 칭의의 강조와 성화에 대한 가르침의 부족으로 그리스도인의 참된 삶에 문제가 될 수 있음'을 지적한다. 그러나 칼빈은 도리어 성화에 대한 부족, 즉 순종과 행함의 결여는 칭의에 대한 참된 깨달음이 없기 때문이라고 말한다.

민는 자의 선행(성화)을 독려하고 장려하는 데는 도리어 칭의의 참뜻을 깨우치는 것이 선행을 장려하는 가장 바른 첩경이라는 것이다. 이것은 칭의와 성화의 관계를 바르게 깨달은 결과에서 이런 말이 나옴을 우리는 알 수 있다.

2. 칭의 이후의 삶의 특징

칼빈은 신자가 칭의함을 받은 것으로 끝나는 것이 아니라 칭의를 기초로 한 칭의 이후의 삶이야말로 칭의못지 않게 중요함을 강조한다. 칼빈이 말하는 칭의 이후의 삶의 내용을 요약하면 첫째, 칭의함을 받은 목적. 둘째, 칭의함을 받은 이후의 삶의 특성. 셋째, 칭의와 행위와의 관계를 통해 설명할 수 있겠다.

A. 칭의를 받은 목적

칼빈은 칭의의 은혜가 믿는 순간부터 영원한 법적 효력이 주어지지만 칭의함을 받은 것으로 끝나는 것이 아니라, 칭의를 기초로 한 칭의 이후의 삶이 칭의 못지않게 더 중요하다라는 사실을 강조한다. 즉 칼빈은 칭의함을 받은 목적도 바로 성화를 위한 삶이라는 것을 밝힌다. '하나님께서는 우리를 거룩하신 소명으로 부르셨으며(롬 1:19) 부르심은 순전한 삶을 요구한다'고도 가르치며, 또한 '우리가 죄로부터 해방된 것은 의에게 순종하도록 요구한다'고 가르치며, 또한 '우리가 죄로부터 해방된 것은 의에게 순종하도록 하기 위함이라'고도 가르친다.(롬 6:18)

여기서 칼빈은 순종하는 삶이 칭의와의 별개로 떨어진 것이 아니라 칭의 이후의 삶 역시 즉 성화의 삶도 칭의의 기초위에 세워져야함을 말하고 있는 것이다. 청교도인 월터 마샬의 이에 대한 언급은 칼빈의 주장을 잘 대변해 주고 있다고 볼 수 있다.

하나님 앞에서 신자의 지위는 모든 죄를 위해 하나님의 공의를 전적으로 만족시킨 그리스도의 완전한 순종으로 말미암는 거룩이라고 설명할 수 있다.

우리는 칼빈의 이런 설명에서 칭의를 받은 신자가 칭의 이후의 삶으로 바르게 연결되지 않으면 칭의를 제대로 이해한 것이라 볼 수 없다고 할 수 있다.

B. 칭의 이후의 삶의 특성

칼빈은 칭의함을 받은자의 특성에 대한 설명으로 칭의 이후의 바른 삶을 어떻게 살아야 하는가를 가르치고 있다. 그가 말하는 특성 중에 강조하는 것은 '칭의함을 받은자는 성령의 역사가 시작된 사람이다'라는 것이다.

즉, '성령이 함께 하시므로 그의 능력으로 말미암아 육신의 욕심을 이기고 율법에 순종하는 마음을 주어서 하나님의 뜻 가운데 살게 하신다.'고 말한다. 성령은 자신을 하나님께 바쳐서 모든 일에서 오직 그의 영광만을 드높이는 것이 신자의 최고의 소원이 되게 한다는 것이다.

그러면서 칼빈은 성령의 역사로 말미암아 의롭다함을 받았음에도 불구하고 여전히 죄에서 완전하게 자유롭지 못하기 때문에 성령의 인도를 따라 계속하여 죄와 투쟁해야 한다고 말한다. 칼빈은 중생으로 말미암아 용서함을 받았음에도 불구하고 여전히 죽을 육체 속에 그대로 남아 있기 때문에 육체의 소욕에 해당되는 죄의 법이 남아있다고 말한다.

그러기에 신자가 아무리 훌륭한 행위를 이룬다 할지라도 거기에는 여전히 육체의 불순물이 섞여 있어서 얼룩지고 부패 할수밖에 없다는 것이다.

의로운 행위를 추구하지만 우리의 열심은 완전치 못하며 육체의 부패한 냄새를 풍길 수 밖에 없는 육체의 연약성을 지니고 있음을 칼빈은 지적한다. 요컨대 칭의함을 받았음에도 불구하고 육신의 연약함으로 인해 성도도 얼마든지 넘어질 수도 실패 할수도 있는 것이다. 칼빈은 성령의 역사로 말미암아 믿음을 통해 칭의가 선포된 것처럼 성화 역시 성령의 역사와 인도를 통해 진행된다고 말한다.

성경은 성령에 대해 두 가지 사실을 가르치는데 첫째, 성령은 우리가 부정과 불결을 씻고 하나님의 의에 복종하게 하신다.

둘째, 우리가 이미 죄사함을 받았지만 이 땅에서 육신을 입고 있는 동안 많은 죄와 연약함에 얽혀 있는 상황 속에서 계속적인 성령의 성화를 통해 정결하게 된다. 그러므로 우리는 꾸준히 전진해야 하며 비록 죄 속에 얽혀 있지만 매일 죄와 싸워야 한다는 것이다. 칼빈은 성도의 죄와의 싸움은 세상을 떠날 때 까지 계속됨을 강조하면서 육체의 소욕을 죽이고 성령의 소욕을 따라 순종해야 함을 강조한다.

칼빈은 믿는 자가 죄를 범할 때 다시 하나님의 관계가 회복되어야 하는 과제가 남게 되는데 이때 믿는 자가 죄에 대한 회개를 할 때 '다시 주님은 의롭다 함을 선언하며 회복시켜 주는 것이다.'라고 말한다. 즉 죄가 있을 때마다 죄를 회개할 때 하나님께서는 우리를 그리스도의 무죄의 옷을 입혀 주시고 우리를 의로운 자로 인정하셔서 거룩하고 순결하고 무죄한 자로 다시 한번 껴안으시는 것이다.

신자의 경우 그리스도의 의만이 하나님 앞에 설 수 있게 하는데, 그리스도의 의가 우리를 신원하여 심판대 앞에서 우리의 보증이 되시기 때문이다. 칼빈은 이를 그리스도의 의를 힘입어 우리를 계속해서 믿음으로 죄사함을 받는 것이며 우리의 불완전한 모습을 우리의 탓으로 돌리지 않고 마치 땅에 감추인 것처럼 하나님의 심판에서 거론되지 않는 것이다. 이것을 칼빈은 신자의 칭의라고 말한다.

칼빈은 아브라함의 경우를 예로 들어서 이 문제를 잘 설명하고 있다.

아브라함이 우상을 섬기고 있을 때가 아니라 그가 여러해 동안 거룩한 삶을 이어간 후에 주께서 믿음으로 의를 인정하셨다. 바울은 이 사실을 확증하기 위해 다윗의 '이로써 모든 의심이 사라지는 것이다. 불법이 사함을 받고 죄가 가리워짐을 받는 사람들은 복이 있도다.'라는 말을 인용하는데 '다윗은 여기서 불신자들이 아니라 자기 자신과 같은 신자들에 대해서 말하고 있는 것이다'라고 말한다.

신자는 죄사함의 복을 단 한번만 아니라 평생토록 지니고 있어야 하는 것이며, 바울이 하나님과 값없이 화목하라는 자신의 메시지도 하루 이틀 만이 아니라 신자의 삶에서 육신을 벗을 때까지 계속되어야 함을 증거해 주고 있다는 것이다. 신자의 평생동안 여기서 묘사되고 있는 의 이외에 다른 의는 없다.

오직 그리스도의 의만이 완전하며 따라서 그 의만이 하나님 앞에 설수 있는데, 그리스도의 의가 우리를 대신하여 심판대 앞에 서서 우리의 보증이 되신다.

이는 그리스도의 의를 힘입어 우리는 죄사함의 칭의를 얻고, 이후에도 그 의는 성화를 이루는 영원한 보증이 되기 때문이다.

칼빈은 신자는 의로운 삶과 죄의 삶이 평생 반복되어지는 과정 속에 있다고 말한다. 여기에 신자는 평생 회개의 삶을 살아야 된다는 의미와도 일치하는 것이다. 그러다가 주께서 재림하시는 그날이 오면 우리가 썩지 않을 몸을 받아 영원한 영광의 몸으로 변화하여 천국의 영광으로 들어갈 것이다.

C. 칭의와 행위와의 관계

교황주의자들은 종교개혁신학이 말하는 이신칭의는 너무 쉽게 그냥 얻어지는 것을 생각했으며 이 이신칭의 행위 내지는 성화를 무시하는 교리라고 비판하였다. 이에 반하여 칼빈은 다음과 같이 반론한다.

우리는 선행 없는 신앙이나 선행 없는 이신칭의를 꿈꾸는 것이 아니다. 그런데 신앙과 선행이 연결돼 있다는 사실을 인정할 때에도 이것이 중요하다. 즉 칭의는 행위에 달린 것이 아니라 신앙에 달린 것이다.

칼빈은 칭의 이후의 삶에서 나타나는 신자의 행위(선행)와 칭의와의 관계에 대해 많은 설명을 한다. 특히 칼빈은 어떠한 행위도 의의 자격으로서는 자랑할 것이 없고 믿음의 행위는 칭의에 기초한 열매임을 밝히고 있다.

이런 점에서 칭의 자체만을 지나치게 강조하고 칭의 이후의 삶을 소홀히 다룬 루터와는 다소 차이가 있다고 할 수 있다. 칼빈이 말하는 칭의와 그 이후의 행위에 대한 관계를 크게 세 가지로 요약할 수 있다.

첫째, 신자의 의는 믿음의 의이지 행위의 의가 아니다.

칼빈은 하나님앞에서 인정받는 의는 언제나 오직 은혜로 말미암은 의 즉 칭의임을 강조한다. '행위에 근거한 의로움이 무엇인가 우리를 의롭다하심을 받게 할 수 있다면, 은혜로 말미암아 의롭다 하심을 얻는다는 말이 거짓이 될 것이기 때문이다.'그러면서 바울의 말을 빌려 계속 은혜의 의를 강조한다.

'만일 은혜로 된 것이면 행위로 말미암지 않음이니 그렇지 않으면 은혜가 은혜 되지 못하느니라'(롬 11:6). 칼빈은 행위의 의가 성립될 수 없다는 이유를 다음의 말에서도 논증한다.

만일 의가 행위의 도움을 받는다면, 행위로 말미암아 의를 얻기 위해서는 율법을 완전무결하게 다 준수해야만 하는 것이다. 최상의 완전함의 정상에 올라 있어서 책할 과실이 전무한 상태에 있지 않고서는 어느 누구도 행위로 말미암아 의롭다 하심을 얻을 수가 없는 것이다.

칼빈은 스콜라 신학자들이 '중생한 사람의 의에 대하여 사람이 그리스도를 믿는 믿음으로 말미암아 하나님과 단번에 화목되지만 그 후에는 선행으로 말미암아 하나님앞에서 의인으로 인정되며 그 선행의 공로로 말미암아 받아들여진다'는 주장을 단호하게 배격하며 오직 하나님의 은혜로 말미암은 믿음의 의, 즉 칭의만이 옳다고 강조한다.

둘째, 칭의교리는 선행을 장려하고 선행에 대한 열심을 내게 한다.

칼빈은 '불경한 자들의 의로움이 값없이 죄사함을 받는데 있다고 가르치는 것을 두고 사람들을 꾀어 죄를 짓게 만들고, 혹은 믿음으로 말미암아 의롭다 하심을 얻는다는 가르침이 선행을 무너뜨린다'는 주장에 대해 오히려 이것은 칭의에 대한 무지 때문이라고 반박한다.

칼빈은 칭의를 받기 전의 인간의 상태와 받은 후의 인간의 상태를 비교하면서 '제대로 된 의식이 있는 사람이라면 칭의를 받은 이후 은혜에 대한 감사가 넘치기 마련이다.'라고 말한다.

즉, '하나님과 화목되기 전에는 하나님과 원수 관계이며 저주아래 있음으로 말미암아 진노의 자식이요 영원한 저주아래 있어서 구원의 소망이 전혀 없고, 하나님의 축복과는 거리가 먼 참으로 비극적이고 비참한 존재였다.'라는 사실을 인지하는 가운데 이제는 예수님이 우리의 죄를 위해 자신의 피로 친히 씻으셨으며, 또한 이렇게 속죄를 통해 칭의의 은혜를 받게 되었다는 사실을 안다면 칭의를 받은 자는 죄사함의 가치가 너무도 크고 귀하다는 사실을 알고 죄를 훨씬 더 두려워하게 된다'는 것이다. 솔로몬의 고백과 같이 '내가 발을 씻었으니 어찌 다시 더럽히랴? 라고 말하며 죄를 멀리하게 된다는 것이다. 그러므로 칭의를 받은 자는 주님께 거룩하게 드려진 진정으로 순결한 삶을 살며, 율법에 순종하려는 마음과 하나님의 뜻에 순종하며 모든 일에서 오직 그의 영광만을 드높이는 것이 최고의 소원이 되는 상태로 변화된다. 칼빈은 계속해서 말한다.

'선행을 자극하고 격려하는 것으로 따지자면 우리의 구속과 부르심의 목적에서 나오는 것보다 더 효과적인 격려와 자극은 없을 것이다.'

요컨대 칭의의 은혜를 바르게 이해하고 깨달은 자가 더욱 성화에 힘쓰게 되며 올바른 신앙을 가지게 된다. 칭의에 대한 은혜의 진리를 더욱 깊이 깨달을수록 더욱 선행에 열심을 내고, 심지어 하나님께 영광을 돌리고자 하는 마음이 강하게 일어나지 않을 때도 행위에 대한 강조 보다 하나님께서 베푸시는 은혜를 기억하게 하는 것만으로도 선한 행위에 대한 마음을 더 불러일으키게 된다는 것이다.

칼빈은 '많은 사람들이 어리석게도 하나님께서 죄사함을 통해서 우리를 의로 단번에 인정하셔서 우리가 과거의 삶에 대해서 용서받았으므로, 이후부터는 율법에서 의를 찾아야 한다고 생각하지만 결코 그런 것이 아니다.

그것은 그저 거짓된 소망을 갖게 하여 우리를 조롱과 비웃음 속에 빠트릴 뿐'이라고 말한다. 우리가 이 육체를 입고 있는 동안에는 절대로 완전에 이르지 못하며, 또한 율법은 행위의 완전한 의를 유지하지 못하는 모든 자들에게 죽음과 심판을 선언하고 있으므로, 율법이 언제나 우리를 책하고 정죄할 근거를 갖고 있게 될 것이다.

오직 하나님의 긍휼하심이 율법의 정죄를 막으시고, 또한 우리의 죄들을 거듭거듭 용서하심으로써 우리를 계속 사면하지 않으면 그렇게 될 수밖에 없는 것이다. 그러므로 처음 시작할 때에 한 말이 언제나 사실인 것이다. 만일 우리 자신의 가치에 따라서 판단을 받는다면 우리가 아무리 노력과 수고를 기울여 어떠한 일을 계획하고 행하든, 우리는 죽음과 멸망을 받아 마땅한 것이다.

칼빈은 '신자들 자신이 자기들의 구원을 이루는 주체라거나 구원이 신자들의 행위에서 나온다는 식의 생각을 갖는다면 그것은 온당치 않은 것이다.'라고 말하며 '우리의 행위가 우리 구원의 원인이라는 식으로 생각할 이유는 없다'라고 설명한다. 그러면서 칼빈은 '우리가 영원한 복락을 우리의 행위의 덕분으로 여겨서는 안되고, 하나님께서 우리를 양자로 삼으신 사실 덕분으로 알아야 한다'는 사실을 상기시키며 '언제나 기억해야할 사실은 우리의 구원이 우리의 공로에 근거한 것이 아니라 오직 하나님의 긍휼하심에 근거한 것이라는 사실을 잊어서는 안된다'고 거듭 강조한다.

나아가 '성도가 은혜를 망각하게 되면 자칫 순종과 행함이 율법에 대한 일종의 노예적이며 복종을 억지로 하는 자리에 이르게 된다'고 경고한다. 하나님은 '즐겨내는 자를 사랑하며 인색함으로나 억지로 하는 것을 기뻐하지 아니하시고 자원하는 마음으로 하기를 원하심'(고후 9:7)을 지적하며 우리의 행함이 은혜에 대한 감격과 긍휼에 기초하여 자원하는 마음으로 순종해야 함을 강조하고 있는 것이다. 칼빈은 우리 자신의 행위의 공고함으로 말미암음이 아니라 오직 그리스도의 공로로 말미암아 믿음을 통하여 의롭다 하심을 얻는다는 교리를 가장 첫 머리에 두지 않는다면, 행위를 말씀하는 성경의 가르침이 아무런 소용이 없게 된다고 고 말한다. 칼빈은 결론적으로 칭의의 교리를 제대로 깨닫고 은혜를 이해 한 자만이 더욱 거룩한 삶을 추구하는 동기와 힘을 갖게 된다고 말한다.

셋째, 신자의 행위는 하나님의 은혜의 결과이다.

칼빈은 칭의 이후의 삶에 있어서 행위는 인간의 공로나 자랑의 대상이 아니라 행위자체가 하나님의 은혜의 결과임을 알아야 한다고 강조한다.

'무엇이든 행위에서 칭찬할 만한 것이 있으면 그것은 하나님의 은혜이다. 우리가 우리의 것으로 여겨 권리를 주장할 수 있는 것이 티끌만큼도 없는 것이다.

이 사실을 진정으로 깨닫는다면 행위의 공로에 대한 모든 신뢰뿐 아니라 그것에 대한 생각까지도 사라질 것이다.'

칼빈은 행위에서의 의를 찾을 수가 없는 것은 '아무리 완전한 사람일지라도 그에게서 나오는 것 중에 더러움으로 얼룩지지 않은 것이 하나도 없기 때문'이라고 말한다. 신자에게 선행은 반드시 필요한 것이며 하나님을 기쁘시게 하는것이지만 '그러한 선조차도 그들이 그럴만한 자격이 있어서 행함이 아니라 하나님께서 그의 자비하심으로 그러한 가치를 그들에게 부여 하셨기 때문에 결코 자랑할 것이 없다'는 것이다.

칼빈은 이것에 대한 이해를 돕기 위해 쉬운 예화로 설명한다. '가령 어떤 사람이 다른 사람에게서 호의를 얻어 전답의 사용권을 얻은 후에 마치 자기에게 그 전답의 소유권이 있는 것처럼 주장한다면, 그것은 배은망덕한 일이며 그러한 잘못된 태도 때문에 그 사용권 마저도 잃어버리지 않겠는가?' 라는 논리로 행위를 자랑하거나 주장할 수가 없다고 말한다. 칭의 교리는 선행을 장려하고 선행에 대한 열심을 자극하게 한다.

칼빈은 불경한 자들이 신자의 의로움은 값없이 죄사함을 받는데 있다고 가르치는 것을 두고 사람들을 꾀어 죄를 짓게 만든다고 주장하며 혹은 믿음으로 말미암아 의롭다 하심을 얻는다는 가르침이 선행을 무너뜨린다고 주장에 대해 오히려 이것은 칭의에 대한 무지 때문이라고 반박한다.

칼빈은 "칭의를 받기전의 인간의 상태와 받은 후의 인간의 상태를 제대로 된 사람이라면 은혜에 대한 감사가 넘치기 마련이다"라고 말한다.

즉 하나님과 화목되기 전에는 원수관계이며 저주아래 있음으로 말미암아 진노의 자식이요 영원한 저주아래 있어서 구원의 소망이 전혀 없고, 하나님의 축복과는 거리가 먼 참으로 비극적이고 비참한 존재였음을 알고, 예수님이 우리의 죄를 위해 자신의 피로 친히 씻으셨으며, 또한 이렇게 속죄를 통해 칭의의 은혜를 받게 되었다는 사실을 안다면 칭의를 받은자는 죄사함의 가치가 너무도 크고 귀하다는 사실을 알고 죄를 훨씬 더 두려워하게 된다는 것이다.

솔로몬의 고백과 같이 "내가 발을 씻었으니 어찌 다시 더럽히랴?"라고 말하며 죄를 멀리하게 된다고 말한다. 칭의를 받은 자는 주님께 거룩하게 드려진 진정으로 순결한 삶을 살며, 율법에 순종하려는 마음과 하나님의 뜻에 순종하며 모든 일에서 오직 그의 영광만을 드높이는 것이 최고의 소원이 되는 상태로 변화 된다고 말한다.

칼빈은 계속해서 말한다. 선행을 자극하고 격려하는 것으로 따지자면 우리의 구속과 부르심의 목적에서 나오는 것보다 더 효과적인 격려와 자극은 없을 것이다. 다시 말하자면 칭의의 은혜를 바르게 이해하고 깨달은 자가 더욱 성화에 힘쓰는 올바른 신앙을 가지게 된다는 것이다. "신앙생활이 올바르지 않을 때 무엇보다도 칭의에 대한 은혜의 진리를 더욱 깨닫도록 하는 것이 필요하다"고 칼빈은 말한다.

칼빈은 '모든 사람에게 구원을 주시는 하나님의 은혜가 나타나 우리를 양육하시되 경건하지 않은 것과 이 세상 정욕을 다 버리고 신중함과 의로움과 경건함으로 이 세상에 살고 복스러운 소망과 우리의 크신 하나님 구주 예수 그리스도의 영광이 나타나심을 기다리게 하셨다.(딛2:11-13)'는 말씀을 통해서 칭의 이후의 삶의 목적을 분명히 밝히고 있다.

그러면서 칼빈은 칭의를 받은 사람이 갖고 있는 문제를 다음과 같이 제기한다. '성령의 역사로 말미암아 의롭다함을 받았음에도 불구하고 여전히 죄에서 완전하게 자유롭지 못하기 때문에 성령의 인도를 따라 계속하여 죄와 투쟁해야 한다'는 것이다. 칼빈은 '중생으로 말미암아 용서함을 받았어도 여전히 죽을 육체 속에 그대로 남아 있기 때문에 육체의 소욕에 해당되는 죄의 법이 남아있다'고 말한다. 그러므로 칭의 이후에도 우리는 꾸준히 전진해야 하며 비록 죄 속에 얽혀 있지만 매일 죄와 싸워 결국 그리스도의 형상을 이루어야 함을 강조한다.

칼빈은 성도의 죄와의 싸움은 세상을 떠날 때 까지 계속됨을 강조하면서 육체의 소욕을 죽이고 성령의 소욕을 따라 순종해야함을 강조한다. 뿐만 아니라 칼빈은 '성령의 역사함으로 믿음을 통해 칭의가 선포된 것처럼 그 이후의 성화 역시 성령의 역사와 인도를 통해 진행된다'고 하면서 성령에 대하여 다음과 같이 말한다.

성경은 성령에 대해 두 가지 사실을 가르치는데 첫째, 성령은 우리를 성화시키기 위해 주신 바 되었는데 성령은 우리의 부정과 불결을 씻고 하나님의 의에 복종하게 하신다.

둘째, 우리가 육신을 입고 있는 동안 많은 죄와 연약함에 얽혀 있는 상황 속에서 성령의 성화를 통해 정결하게 된다. 그러므로 우리는 꾸준히 전진해야 하며 비록 죄 속에 얽혀 있지만 매일 죄와 싸워야 한다는 것이다. 칼빈은 성도의 죄와의 싸움은 세상을 떠날 때 까지 계속됨을 말하면서 육체의 소욕을 죽이고 성령의 소욕을 따라 순종해야함을 강조한다.

3. 칭의와 기도

칼빈은 이신칭의 이후의 삶 곧 성화를 논하면서 기도의 중요성을 말한다.

그는 기도는 믿음의 가장 중요한 훈련이며 우리는 날마다 이것을 통하여 하나님의 은혜를 받는다고 설명한다. 칼빈에 의하면 기도는 구원을 얻는 수단이 아니라 이미 칭의함을 받은 자로서 그 구원의 축복과 은혜를 향유하도록 하는 수단이다.

여기서 우리는 기도가 단순히 하나님께 아뢰는 차원을 넘어서서 칭의함을 받은자가 계속 은혜 가운데 풍성한 삶을 누리며 모든 죄를 이기는 승리로 이끄는 중요한 주제로 칭의와 기도가 밀접한 관계가 있는 것임을 알 수가 있다. 칼빈은 기도를 논하면서 기도의 필요성, 기도의 유익, 기도의 원칙, 기도의 모본, 회개와 기도, 기도와 중보자 등에 관해 방대하게 설명을 하고 있는데 연구자는 여기서 칭의와 관련된 부분만을 세 가지로 나누어 다루고자 한다.

첫째, 기도는 칭의 받은 자를 풍성한 삶으로 인도하는 것임을 강조한다.

칼빈은 칭의 이후의 삶에서 하나님의 능력과 은혜를 기도를 통해 공급 받음으로 풍성한 삶을 살 수 있다고 말한다.

그는 기도의 유용성에 대하여 '그리스도 안에서 하나님께서는 불행한 우리에게 행복을, 궁핍한 우리에게 모든 부를 주시겠다고 하시며 그리스도 안에서 하늘 보고를 우리에게 열어 보이시고, 우리의 믿음이 전적으로 그의 사랑하시는 아들을 우러러보며, 우리의 모든 기대가 그를 의지하며, 우리의 소망이 전적으로 아들에게 밀착하여 안식을 얻게 한다'고 설명한다.

칼빈의 다음의 말도 기도가 칭의함을 받은자를 복된 길로 인도함을 지적한다.

우리의 하늘 아버지께는 아무리 이야기해도 설명할 수가 없다. 확신 하건데, 우리는 하늘 아버지께서 우리의 안전을 오로지 그의 이름을 부르는데 있다고 선포하시는 데에는 분명한 이유가 있다. 우리는 그의 섭리로 임재하사 우리의 일상사를 돌보시도록 아뢰며, 우리가 연약하여 쓰러질 때에 그의 권능으로 임재하사 우리를 지탱 시키시며, 그의 선하심으로 임재하사 죄악으로 비참한 상태에 있는 우리를 받아들이사 사랑을 베풀시기를 기원한다. 또한 간단히 말해서 우리는 전적으로 우리와 함께 계시는 분으로 자신을 우리에게 드러나 보이시도록 간구하는 이 모든 일이 기도로써 이루어 지는 것이다.

그리고 칼빈은 칭의함을 받은 자는 기도를 통해서만 하나님의 능력과 은혜를 받을 수 있음을 말한다. 기도는 칭의 받은 자의 특권이며, 칭의 이후의 삶에서 신자가 자동적으로 의로운 삶을 살게 되는 것이 아니라 특별히 기도를 통해 계속적인 힘과 능력과 은혜를 공급받아 의로운 삶을 만들어 가야 하는데 그러려면 무엇보다 기도가 중요하다는 것이다.

둘째, 칼빈은 죄를 회개하지 않고서는 성립될 수 없는 칭의함에 기초를 둔 기도를 강조한다.

기도의 응답을 받기위해서 회개가 필요하다는 것이다.

칼빈에 의하면 하나님은 기도하는 것마다 무조건 다 들어주시는 것이 아니라 반드시 죄가 있을 때는 죄의 문제가 해결 되어야만이 응답 하신다는 사실을 지적한다.

즉, 믿는자가 이미 칭의함을 받았지만 믿는자에게 죄가 있을 경우에 죄의 문제가 해결되어야 기도가 응답 된다는 것이다. 여기서 우리는 회개의 기도를 올린다는 것은 바로 칭의에 기초하여 용서함을 비는 것임을 알 수 있다.

그런 의미에서 회개의 기도는 칭의와 관련되어 있다. 아래와 같은 칼빈의 말은 이런 사실을 뒷받침해 준다. "합당한 기도에는 반드시 회개가 필요하다. 성경은 늘상 '하나님은 악인에게 귀를 기울이지 않으시며 그들의 희생이나 그들이 드리는 기도가 하나님께 가증스러운 것이라'고 선포한다.

그러므로 그들이 자기들의 마음을 꼭 닫아 걸어둔다면, 하나님께서도 그들에 대해서 귀를 닫으시는 것이 합당하지 않겠는가? 또한 마음이 강팍하여 하나님의 진노를 폭발시킨다면, 하나님께서도 그들을 엄하게 다스리시는 것이 합당하지 않겠는가? 너희가 많이 기도할 지라도 내가 듣지 아니하리니 이는 너희 손에 피가 가득 함이니라 내 목소리를 순종하라 하였으니 그들의 순종치 아니하며 그 악한 마음의 완악한 대로 행하였으므로 ... 그들이 내게 부르짖을 지라도 내가 듣지 아니할 것이라(렘 11:7)."

칼빈은 자신이 지은 죄과를 겸손히 진정으로 고백하며 죄 용서를 구하는 일이 올바른 기도의 준비요 또 시작이라는 것이다. 아무리 거룩한 사람일지라도 하나님과 화목되어 있지 않는 이상 하나님께 그 무엇도 얻기를 바랄 수가 없다. 자신이 용서하시는 사람들 외에는 그 어느 누구에게도 진노를 누그러뜨릴 수가 없으신 것이다.

다음의 칼빈의 말도 여기에 해당된다.

칼빈은 '하나님께서 구하시는 제사는 상한 심령이라, 하나님이여 상하고 통회하는 마음을 주께서 멸시하지 아니하시리이다.(시 51:17).'라는 말씀을 인용하면서 두 가지 용서를 구하는 기도를 해야한다고 말한다.

첫째는 우리에게 결점이 있음을 느끼면서도 자신들의 그런 상태에 대해서 그저 덤덤하게 지나가는 모습에 대해서 용서를 구해야 한다는 것이다.

그리고 둘째는 하나님께 회개하고 그를 두려워하여 은혜를 누릴 수 있게 되었을 경우에, 자기들이 범한 잘못에 대하여 정당하게 슬퍼하며 마음을 낮추고, 재판장이신 하나님께 그 잘못에 대한 형벌을 사해 주시기 위하여 구해야 한다는 것이다.

요컨대 칼빈의 경우 신자는 죄의 문제가 해결되지 않고서는 기도를 제대로 드릴 수가 없다는 것이다. 이는 그리스도인이 칭의함을 통해 하나님과 화목관계가 이루어지듯이 이미 칭의함을 받은 자의 죄 역시 계속 칭의 함에 기초하여 죄용서를 받아야 기도가 이루짐을 알 수가 있다. 칼빈은 기도에 있어서 신자에게 죄가 있을 경우 하나님께 기도하는데에 큰 문제가 있음을 지적하며 반드시 회개해야 하는 것을 말한다.

칼빈은 기도에 응답을 받기 위해서 회개의 필요성을 말한다. 칼빈에 의하면 하나님은 기도하는 것마다 무조건 다 들어주시는 것이 아니라 반드시 죄가 있을 때는 죄의 문제가 해결 되어야 만이 응답 하신다는 사실이다. 즉 믿는 자가 이미 칭의함을 받았지만 믿는 자에게 죄가 있을 경우에 죄의 문제가 해결되어야 기도가 응답 된다는 것이다. 여기서 우리는 회개의 기도를 올린다는 것은 바로 칭의의 기초하여 용서함을 비는 것이라 볼 수 있다.

그런 의미에서 회개의 기도가 칭의와 관련되어 있음을 알 수가 있다. 아래와 같은 칼빈의 말은 이런 사실을 뒷받침해 준다.

합당한 기도에는 반드시 회개가 필요하다 성경은 늘상 선포하기를 하나님은 악인에게 귀를 기울이지 않으신다. 하며 그들의 희생이나 그들이 드리는 기도가 하나님께 가증스러운 것이라고 하는 것이다. 그들이 자기들의 마음을 꼭 닫아 걸어둔다면, 하나님께서도 그들에 대해서 귀를 닫으시는 것이 합당하지 않겠는가? 또한 마음이 강퍅하여 하나님의 진노를 폭발시킨다면, 하나님께서도 그들을 엄하게 다스리시는 것이 합당하지 않겠는가? 너희가 많이 기도할 지라도 내가 듣지 아니하리니 이는 너희 손에 피가 가득 함이니라 내 목소리를 순종하라 하였으니 그들의 순종치 아니하며 그 악한 마음의 완악한 대로 행하였으므로 ... 그들이 내게 부르짖을지라도 내가 듣지 아니할 것이라(렘 11:7).

　요컨대, 자신이 지은 죄과를 겸손히 진정으로 고백하며 죄 용서를 구하는 일이 올바른 기도의 준비요 또 시작이라는 것이다. 아무리 거룩한 사람일지라도 하나님과 화목되어 있지 않는 이상 하나님께 그 무엇도 얻기를 바랄 수가 없다. 자신이 용서하시는 사람들 외에는 그 어느 누구에게도 진노를 누그러뜨릴 수가 없으신 것이다.

　다음의 칼빈의 말도 여기에 해당된다.

　하나님께서 구하시는 제사는 상한 심령이라, 하나님이여 상하고 통회하는 마음을 주께서 멸시하지 아니하시리이다. 그러므로 두 가지 용서를 구하는 기도를 해야 한다고 한다. 우리의 기도의 결점이 있음을 알기 때문이다. 그런 결점이 있음을 느끼면서도 자신들의 그런 상태에 대해서 그저 덤덤하게 지나가는 그런 모습에 대해서 용서를 구해야 하는 것이다. 그리고 둘째는 하나님께 회개하고 그를 두려워하여 은혜를 누릴 수 있게 되었을 경우에, 자기들이 범한 잘못에 대하여 정당하게 슬퍼하며 마음을 낮추고 재판장

이신 하나님께 그 잘못에 대한 형벌을 사해 주시기 위하여 구해야 하는 것이다.

요컨대 칼빈의 경우 신자는 죄의 문제가 해결되지 않고서는 기도를 제대로 드릴 수가 없다는 것이다. 이는 그리스도인이 칭의함을 통해 하나님과 화목관계가 이루어지듯이 이미 칭의함을 받은 자의 죄 역시 계속 칭의 함에 기초하여 죄용서를 받아야 기도가 이루어짐을 알 수가 있다. 칼빈은 기도에 있어서 신자에게 죄가 있을 경우 하나님께 기도하는 데에 큰 문제가 있음을 지적하며 반드시 회개해야 하는 것을 말한다.

셋째, 중보자 되시는 예수그리스도를 통해서만이 기도가 가능하다.

칼빈은 기도가 단순히 하나님께 아뢰는 차원을 넘어서서 그분께 나아가 교제하며 대화하는 것이라 말한다. 그런데 우리는 아무도 하나님앞에 직접 나아갈 자격이 있는 사람은 아무도 없다.
칼빈에 의하면 하나님 앞에 나아갈 수 있는 유일한 길과 통로를 주셨는데, 그것이 바로 우리의 중보자 되시는 예수그리스도라는 것이다.

우리는 여기서 하나님과 원수된 죄인이 칭의의 은혜를 받아 하나님과 화목될 수가 있듯이 기도 역시 중보자의 도움 없이는 성립될 수 없음을 알아야 한다.

　　즉, 칼빈은 '칭의함을 받는 것이 그리스도의 공로를 통해 이루지는 것 같이 기도 역시 그리스도를 통하지 않고 다른 어떤 방식으로든 하나님께 기도할 수 있다고 생각해서는 안된다'는 것이다.

　　칼빈은 여러 성구들을 인용하여 그리스도만이 우리의 유일한 대언자요(엡 2:1), 중보자(딤전 2:5, 히 8:6)임을 강조한다.

　　"만일 누가 죄를 범하여도 아버지 앞에서 우리에게 대언자가 있으니 곧 의로우신 예수 그리스도시라(요일 2:1)"

　　"그리스도께서 하나님 우편에 계신자요 우리를 위하여 간구하시는 자니시라(롬8:34)"

　　"하나님과 사람 사이에 중보자도 한 분이시니 곧 사람이신 그리스도 예수시니라(딤전 2:5)"

　　칼빈은 기도가 아무렇게나 하나님께로 나아가 아뢸 수 있는 단순한 사건이 아니라 마치 중보자의 구원사역에 의해 칭의가 가능하였듯이 기도 역시 인간이 직접으로 하나님께 나아갈 수 있는 것이 아니라 반드시 중보자 되신 예수 그리스도로 말미암아 하나님께로 나아갈 수 있는 것임을 천명하고 있는 것이다. 그리고 칼빈의 경우 기도가 구원론 뒤에 온다는 사실을 통해 기도가 구원의 조건이 아니라 이미 칭의함을 받은 자가 하나님의 은혜를 받는 수단임을 말하고 있다.

4. 칭의와 자유

A. 칭의함을 받은 자의 자유

1) 자유의 중요성

칼빈은 칭의와 성화에 대해 논한 다음 그리스도인의 자유의 문제를 다룬다. 그는 자유는 칭의함을 받은 자에게 주어지는 것이며, 칭의와 긴밀한 관련이 있는 주제로서 복음의 진리를 깨닫고자하는 사람에게 근본적으로 필요한 주제임을 말한다.

그는 '그리스도인이 자유를 바로 이해하지 못하면 복음의 진리도, 영혼의 내적 평안도 제대로 아는 것이라 할 수 없다'고 말하면서 칭의함을 받은 자에게 주어지는 자유는 그리스도인으로서는 필수적으로 알아야 중요한 주제임을 강조하고 있다.

연구자는 칼빈이 말하는 그리스도인의 자유를 세부분으로 나누어 이해하는 것이 필요하다고 본다.

첫째는 율법의 정죄로부터의 자유.

둘째는 율법의 강요로부터의 자유.

셋째는 중립적인 것으로 부터의 자유

첫째로 율법의 정죄로부터의 자유

칼빈은 칭의함을 받은 자는 율법의 정죄와 저주에서 해방되어 양심의 자유를 누리는데, 이것은 철저히 예수 그리스도의 구원사역에 기초를 두어야 한다고 지적한다. 즉, 칭의함을 받고도 다시 정죄함을 받을까하는 두려움에서의 자유는 율법이 아닌 칭의에 기초를 두어야 한다는 것이다.

칼빈은 이 점에서 '율법의 요구를 생각해서는 안 되고, 하나님의 긍휼하심에 매달리고 그리스도만을 바라보아야 한다.'고 말한다.

그는 우리가 해방 받는 것은 그리스도의 십자가로 말미암는다는 갈라디아서의 핵심 논지를 언급함으로써 이 부분을 설명한다. "율법의 행위로 의롭다함을 얻으려고 한다면 그는 율법 전체를 행할 의무를 가진 자라, 율법 안에서 의롭다 함을 얻으려 하는 너희는 그리스도에게서 끊어지고 은혜에서 떨어진 자로다(갈 5:1-4)."

칼빈은 율법의 정죄에서 자유함을 얻는 것은 오직 그리스도의 십자가로 말미암아 되는 것이며 그리스도의 십자가가 아니면 모든 사람이 율법의 정죄와 저주아래 있을 수밖에 없고 따라서 그리스도 안에서만 완전한 안전 가운데서 안식과 평안을 얻을 수 있다는 것이다.

둘째로 율법의 강요로부터의 자유

칼빈은 칭의함을 받은 자는 율법의 정죄에서 해방은 되었지만 율법의 요구에서 자유한 것은 아니라고 말한다. 마치 율법을 지킴에 있어서 어쩔 수 없는 필연성에서 강요받는 것처럼 된다면 이 사람은 율법의 멍에에서 벗어난 느낌을 받지 못하므로 부자유할 수밖에 없다는 것이다.

율법의 강요에서 벗어나는 자유를 얻지 않고서는 절대로 양심이 자의로 자발적으로 기꺼이 하나님의 말씀에 순종할 마음이 생길 수가 없다.

율법은 완전한 사랑을 요구하기 때문에 불완전한 것은 모두 정죄한다. 그러므로 아무리 선을 행하여도, 그 행위 속에 선한 것이 조금은 있다고 인정받고 싶어도 그 행위가 항상 불완전하다는 그 사실 자체가 바로 율법을 범하는 것뿐이라는 것이다. 칼빈은 이런 상태에서는 진정한 영혼의 자유함도 평안도 누릴 수가 없음를 지적하고 있는 것이다.

칭의함을 받은 자로서 자유를 깨달은 사람은 양심이 율법을 준수 할 때 어쩔 수 없는 필연성에 강요를 받는 것처럼 억지로 하는 것이 아니라 율법의 멍에에서 벗어나서 자발적으로 자의적으로 하나님의 뜻에 순종한다.

칼빈의 다음의 말들도 이에 대한 논증을 뒷받침하고 있다.

율법의 가혹한 요구나 율법의 준엄함에서 해방되어 하나님이 아버지처럼 따뜻하게 부르시는 부르심을 듣고 그 부름에 기쁨으로 마음을 다하여 순종하게 되고, 하나님의 인도하심을 따르게 된다는 것이다. 율법의 멍에에 매여 있는 자들은 마치 날마다 주인에게 해야 할 과제를 부과 받는 종과 같고 아들의 경우는 맡겨진 일들에 대해서 부족한 결과가 나올지라도 너그럽게 대한다는 의식가운데 그렇다고 게으름을 피우는 것이 아니라 더욱 자발적으로 자유가운데서 행하게 된다는 것임을 말한다.

칼빈이 말하는 성도의 순종의 동기는 '하나님의 심판에 대한 두려움이 아니라 하나님의 크신 사랑이 동기가 되어 자발적으로 율법에 순종하는 것'이며, 죄가 우리에게서 완전히 사라졌고 의가 우리속에 거하고 있다는 것을 분명히 느끼지 못한다 할지라도 혹시 그 남아 있는 죄 때문에 하나님께서 노여워하시지 않으실까 두려워하거나 낙심할 필요가 없다는 것이다.

왜냐하면 은혜로 말미암아 너희가 율법의 정죄와 심판에서 자유를 얻었고, 따라서 너희의 행위가 율법의 기준으로 판단 받거나 평가받지 않기 때문이라는 것이다. 그렇다고 칼빈은 '자유함을 깨달은 자는 이제 율법아래 있지 아니하니 죄를 지어도 무방하겠거니' 하고 생각하는 자들이 있다면, 그 사람들은 이 그리스도인의 자유를 주장할 권리가 전혀 없는 사람들이라는 것을 알아야 한다고 말한다.

요컨대 칼빈은 자유는 우리로 하여금 방종하게하거나 죄를 범하는 자유가 아니라 선을 행하는 데 목적이 있다는 것을 밝히며, 그리스도의 진정한 자유는 칭의에 기초하고 있으며 하나님의 말씀에 자발적인 순종을 하는데 있다고 말한다.

셋째는 중립적인 것으로부터의 자유

칼빈은 우리가 성경에는 지시되어 있지 않으나 일상생활에서 부딪치는 문제와 관련하여 자칫하면 미신에 빠져 자유를 잃을 수 있음을 언급하고 거기서 어떻게 자유함을 누릴 수 있는가에 대해 논한다. 비록 그 내용이 성경에는 구체적으로 열거되어 있지 않아도 그것이 창조함을 받은 목적을 파악할 때 거기서 해방을 받을 수 있음을 지적한다.

우리는 이 자유를 어떤 방향으로 사용해야 할지를 잘 알고 있다. 곧 하나님께서 주신 목적에 맞게 사용한다는 것이다. 그렇게 하면 우리의 심령이 하나님과 화평을 누리며 아울러 우리를 향하신 하나님의 자비하심을 깨달은 것이다.

칼빈의 다음의 말도 여기에 속한다.

지켜도 되고 지키지 않아도 무방한 모든 의식들, 여러가지 관습들을 반드시 지켜야 할 압박을 받을 필요는 없으나, 한 가지 기억해야할 것은 하나님의 자비하심에 따라서 그런 것들을 사용할 경우 반드시 덕을 세우는 방향으로 사용해야 한다.

칼빈은 이러한 문제들이 하찮은 것 같지 실상은 중요한 문제들이라고 말한다. 왜냐하면 한번 양심이 그런 그물에 걸리면, 아주 심령이 복잡해지고 기나긴 미로속에 빠져들어가 거기서 헤어 나오기 힘들기 때문이라는 것이다. 칼빈은 예를 들어 우리가 많은 재물이 있다고 사치한다면 참 자유와 연관하여 절제하지 않으면 정욕의 노예가 됨을 지적한다.

사치 속에 뒹굴고 드러눕기 위하여, 또한 마음과 영혼을 향락에 취하게 만들고, 언제나 새로운 쾌락을 찾아 헤매는 생활을 위하여 재물과 기타 수단을 이용하는 일은 하나님의 선물들을 합당하게 사용한 것과는 전혀 거리가 먼 것이다.

칼빈은 이런 자유는 하나님이 주신 선물들을 사용하는 법을 스스로 규정하는 데서 확립됨을 지적한다. '그러므로 그 무절제한 정욕을 누르고, 무절제한 사치와 허영과 교만을 버려야 한다. 그리하여 하나님이 주시는 선물들을 순전한 양심으로 순결하게 사용하도록 해야 한다. 이렇게 온전한 정신 상태에 이르러야 비로서 하나님의 선물들을 합당하게 사용하는 법을 스스로 규정할 수 있게 된다'는 것이다.

요컨대 칼빈은 성경에 일일이 기록되지 않은 사항에 대해서는 하나님이 덕을 끼치고 영광을 드러내는 것에 초점을 두고 자유롭게 결정할 때 그리스도인으로서의 자유를 마음껏 누릴 수 있다는 것이다.

5. 칭의와 예정

A. 칭의와 예정의 필연적 관계

상식적으로 볼 때 시간 순서상으로 예정을 먼저 말하고 칭의를 다루는 것이 합당할것 같은데 흥미롭게도 칼빈은 칭의를 다룬 다음 예정을 말한다.이러한 구조는 물론 예정된 자가 칭의를 받지만 칭의를 받은자가 바로 예정된 자라는 사실을 강조하는 즉, 칭의와 예정과는 밀접한 관계가 있음을 밝혀주고자 하는 의도가 숨어 있음을 알 수 있다. 이에 대해 칼빈은 복음을 증거한 결과를 통해 더 명확히 설명한다.

"생명의 언약은 실재로 모든 사람들에게 동등하게 전해지지도 않을뿐더러, 그것을 전해 받은 사람들 가운데서도 항상 똑같은 반응이 나타나는 것도 아니다. 이러한 다양한 결과 속에 하나님의 판단의 놀라운 깊이가 드러나 있는 것이다.
이러한 다양한 결과가 하나님의 영원한 선택의 결정에 의한 것이라는 사실을 나타내는 분명한 증거임을 밝히고 있다."

우리는 여기서 생명의 언약이 적용되는 사건을 칭의함을 받는 것으로 해석할 수 있다. 즉, 믿는 자가 칭의를 받지만 결국 하나님의 예정된 자가 믿어 칭의를 받게 된다는 것이다. 우리는 이 사실에서 예정과 칭의는 분리될 수 없는 필연적 관계임을 알 수가 있다. 칼빈의 다음의 말에서도 이를 뒷받침 한다.

"그의 영원하고도 불변한 계획을 통해서, 하나님께서는 구원에 이르도록 받아들이실 자들과 또한 그 반대로 멸망에 내어주실 자들을 오래 전에 단번에 정하여 세우셨다고 말한다. 택함 받은 자들에 대해서는 이 계획이 인간의 가치와는 상관없이 하나님의 값없이 주신 긍휼하심을 기초로 한 것이라는 것과, 반대없으며 또한 불가해한 그의 판단에 의하여 생명의 문을 막아 놓으셨다는 것을 주장한다."

칼빈은 여기서 택함 받은 자들의 강력한 증거인 칭의가 선택의 증거라 말하며 그들이 영광 가운데로 들어가 선택이 완성되기까지 그 선택의 사실을 드러내 주는 또 하나의 표징으로 본다.

B. 예정교리의 유용성

칼빈은 이 예정교리가 인간의 이성으로 완전히 납득하기 힘든 부분이 있지만 이 예정교리가 성경에서 계시하고 있고 또 신자에게 신앙에 큰 유익이 있는 만큼 반드시 가르쳐 알게 해야 하는 교리 임을 강조하면서 예정교리에 대한 불공평과 불합리성 때문에 이 교리를 말해서는 안된다고 주장하는 사람들을 반박하기 위해 오히려 이 교리의 무지가 얼마나 하나님의 영광과 이 교리의 유익을 훼손하는가를 강조한다.

그렇지 않으면 그들로부터 신의 축복을 가로막는 죄를 범하게 될 것이다.

또한 그렇게 될 때 성경의 원저자인 성령을 무시하고 조롱하는 것이 된다.

그러므로 그리스도인들이 마땅히 취해야 할 절제있는 행위는 하나님이 성경에서 계시하신 진리에 대하여는 기꺼이 따르고 또 그분께서 그 성경에 계시하지 않은 것은 억지로 그것을 알려하는 노력을 포기하는 것이다.

칼빈은 아울러 이 교리를 단순한 호기심 차원으로 접근하게 되면 매우 혼동스럽고 또한 위험스러운 상황에 빠지게 되며, 이리저리 방황하고 높은 데까지 올라가려고 발버둥 치게 됨을 경고한다.

몰지각한 확신을 갖고 이곳을 침범하게 되면 자기의 호기심도 만족 시킬수 없을 뿐 아니라 미궁 속에 빠져서 도저히 헤어 나오지 못하고 말 것임을 말한다.

주께서 친히 자신 속에 감추어 두시기를 원하시는 일들을 사람이 무절제하게 마구 찾아 헤매고, 그리하여 그 지극히 숭고한 지혜 그 자체를 영원 전부터 밝히려 한다는 것은 절대로 옳지 않은 일이라고 말한다.

이 교리는 성경말씀이 모든 사실들을 탐구해 가도록 이끌어 주는 유일한 길이며 또한 하나님에 대해서 보아야 할 모든 것을 보도록 빛을 비추어 주는 유일한 빛이라는 사고가 우리에게 확실히 자리 잡아야 함을 강조한다. 그러면서 '성경은 성령의 학교로서 알 필요가 있고 알아서 유용한 것은 하나도 빠짐없이 다 가르치며, 또한 알아서 유익한 것 외에는 아무것도 가르치지 않는다. 그러므로 우리는 성경에 예정에 관하여 계시한 모든 내용을 신자들에게서 빼앗지 않도록 주의해야 할 것'이라고 말한다. 나아가 그는 칭의의 근원과 기원이 하나님의 선택, 즉 예정에서 비롯됨을 알 때 칭의를 받은 자의 유익은 참으로 크다는 사실을 강조한다. 즉, 예정교리는 칭의와 연관하여 신앙에 큰 유익을 준다는 것이다.

여기서 우리는 칭의와 관련하여 예정교리가 어떤 유익과 유용성이 있는 가를 알기 위해 우선 예정교리 특성을 살펴볼 필요가 있다.

첫째로 칼빈은 칭의도 인간의 공로나 업적으로 받는 것이 아니라 전적인 은혜로 주어지듯이 예정 역시 인간의 어떤 공로에 의해서 주어지는 것이 아니라 하나님의 무한한 자비하심에 의해 이루졌음을 알 때 하나님께만 감사와 찬양과 영광을 돌릴수가 있다는 것이다.

이 교리만큼 우리를 겸손하게 만들어 줄 수 있는 것이 아무것도 없고, 또한 우리가 얼마나 하나님께 은혜를 입고 있는가를 진지하게 느끼도록 해 줄수 있는 것이 아무것도 없다. 우리로 하여금 모든 두려움에서 자유케 하시고 온갖 위험과 올무와 목숨을 건 싸움

가운데서 승리하게 하시기 위하여 주님은 아버지께서 그의 보호아래 맡겨두신 모든 것들이 안전할 것임을 약속하시는 것이다.

칼빈은 예정에 의하여 하나님의 자녀가 되어 큰 복을 받아 누리게 되고 은혜를 누리게 된 사람은 칭의가 그렇듯이 예정 역시 모두 그것이 값없이 주신 하나님의 사랑 덕분으로 여기게 된다는 것이다. 왜냐하면 자기들이 그런 사랑을 받을 자격이 없었다는 것을 스스로 잘 알고 있을뿐 아니라, 심지어 그 거룩한 족장 아브라함 마저도 그 자신은 물론 그 후손을 위해서 그렇게 높은 존귀를 얻을 만큼 덕을 지니지 못했다는 사실을 잘 알고 있기 때문이다.

정죄된 아담의 후손들 가운데서 하나님의 기뻐하신 자들을 선택하시고 그가 원하신 자들을 유기하셨다는 것은 신앙에 훨씬 더 적절하고 그래서 더 많은 유익을 가져온다. 칼빈은 다른곳에서도 이점을 상기 시킨다. 즉, 바르게 이해하면 예정은 신앙을 흔드는 것이 아니라 도리어 신앙을 가장 견고하게 해 준다는 것이다.

예정은 우리를 겸손케 한다. 왜냐하면 우리 주위의 사람들의 무지를 보고 우리가 모두 동등했었다는 것을 알 때, 우리는 공로없이 신앙과 조명의 선물을 받았다는 것을 깨닫기 때문이다.

예정은 하나님의 은혜이며 값없이 주시는 하나님의 사랑이다.

칼빈은 예정론을 다루면서 '이 주제가 많은 사람들이 상상하는 것처럼 아무 유익도없이 인간의 마음을 찌르고 소란스럽게 하는 논쟁이나 그 마음을 지루하게 하는 탁상공론이 아니라, 우리로 하여금 하나님을 섬기게 하기위해 채택된 견고한 교리'라는 점을 강조한다. 왜냐하면 이 교리는 우리의 신앙을 견고하게 해주고 우리를 겸손하게 하여 우리를 향한 하나님의 끊임없는 인애에 대해 찬송케 하기 때문이다. 우리의 신앙을 견고하게 세우는 데는 하나님의 선택에 우리의 귀를 기울이는 것보다 더 효과적인 방법은 없다. 우리가 이것을 듣는 동안 성령이 우리의 마음을 인치사 우리의 근원은 우리를 향하신 하나님의 영원한 불변하신 사랑에 근거한 것이라는 사실을 알게 될 때 신자의; 마음은 언제나 요동하지 않고 하나님을 신뢰하게 된다는 것이다.

칼빈은 또 '사탄이 신자들을 낙심시키려고 할 때에 사용하는 가장 중대하고 위험한 유혹은 자신의 선택에 대한 의심을 일으키는 것이다'라고 말한다.

둘째로 칼빈은 그의 반대자들이 예정의 교리를 무너뜨리기 위하여 만일 예정이 확정되면 선을 행하고자 하는 열심과 신중한 자세가 완전히 무너진다는 반대 논리를 제기하는데 대해 오히려 그 반대로 예정교리는 칭의교리가 그러하듯 신앙의 올바른 삶을 향해 더욱 열심을 내게 한다고 말한다.

성경은 이 크나큰 신비를 더 깊은 경외와 자세로 바라볼 것을 요구하는 동시에, 경건한 자들에게 이 사람과는 전혀 다른 태도를 가질 것을 교훈함으로써 이 사람들의 죄악된 미친 태도를 효과적으로 물리쳐 주는 것이다.

성경은 우리로 하여금 불경한 경솔함으로 하나님의 그 깨달을 수 없는 비밀한 것들을 찾아 나서도록 담대한 마음을 일으키고자 하는 의도로 예정에 대해서 말하는 것이 아니다. 오히려 그 의도는 우리로 하여금 겸손하고 낮아져서 하나님의 심판에 대해 떨며 그의 긍휼하심에 대해 존귀히 높이기를 배우게 하고자 하는 것이다. 신자들은 바로 이것을 목표를 삼는 것이다.

칼빈은 선택의 교리를 인정하지 않은 자들이 '정죄함을 받은 자는 아무리 하나님께 인정을 받아보려고 무죄하고 순전한 삶을 애써도 결국 하나님께 인정을 받지 못한다'는 논리를 펴고 있는 것을 매우 불경하고 망령된 생각이라고 지적하며 도리어 선택의 교리야 말로 무한한 자비와 사랑에 근거하여 택함을 받았다는 사실에 더 큰 감사와 감격으로 신앙생활에 열심을 내게 한다는 것이다.

6. 칭의와 부활

칼빈은 예정을 말한 다음 칭의 이후의 삶의 최종적인 결과 즉, 그리스도인의 삶의 완성이라 할 수 있는 부활에 대해 언급한다.

이 구조는 칼빈이 결국 예정 가운데 선택받은 자 즉 칭의 받은자의 마지막은 부활로 마무리됨을 강조한다. 우리는 칼빈이 말하는 부활의 내용을 다음과 같이 요약할 수 있다. 부활의 소망의 중요성, 부활의 확실한 성경적 근거 그리고 버림받은 자들의 영원한 상태이다. 이 문제를 칭의와 관련하여 설명하고자 한다.

A. 부활의 소망의 중요성

칼빈은 칭의 이후의 삶에서 자칫 힘겨운 신앙생활에 소망과 용기를 잃지 않으려면 반드시 부활에 대한 확신과 소망을 가져야 한다고 말한다.이것은 칭의함을 받은 자의 마지막은 부활 이라는 사실에서 칭의와 부활의 절대적 연관성을 말해주고 있다.

그리스도께서 복음을 통하여 빛나시며, 또한 죽음을 이기셨으며, 바울이 증거하듯이 생명의 빛을 드러내셨으며 그리하여 그리스도인 모두가 사망에서 생명으로 옮긴 상태인데도 그리스도께서 이루신 승리가 우리에게 아무런 유익도 주지 못하는 것처럼, 힘겨운 전투 속에서 계속 한숨을 쉬며 괴로워하고 있어서는 안되므로, 우리의 소망의 본질에 대해서 부활이 가르치는 바를 든든히 붙잡아야 할 것이다.

칼빈의 이 말은 칭의 받은 자의 최후의 상태는 결국 부활이므로 이 땅에서의 어떤힘든 상황에서도 부활의 소망을 잃지 말아야 함을 강조하고 있는 것이다.다음의 칼빈의 말에서도 부활의 소망이 칭의 이후의 삶에서 승리로 이끄는 힘의 원천이 될수 있음을 확증한다.

주변의 온갖 비참한 현실들이 우리를 압도할 뿐 아니라 게다가 불경한 자들의 조롱까지 우리를 공격하며, 온갖 격렬한 유혹들이 신자에게 밀려오기 때문에, 마음이 세상의 것들에게서 자유하며 멀리 보이는 하늘의 생명에 붙잡혀 있지 않으면 도저히 이겨 나갈수가 없는 것이다.

그러므로 복스러운 부활을 계속해서 묵상하는 일이 습관으로 되어 있는 사람만 이 복음 안에서 충분히 유익을 얻는 것이다.

요컨대 우리는 칭의 이후의 삶에서 시시각각으로 위험에 처해 있고 수많은 사람들이 미움과 비난을 받으며 또한 '우리가 도살할 양 같이 여김을 받는다'(시44:22)는 사실을 생각할 때에 부활이 보증되지 않으면 총체적으로 무너지고 말 것이다.그러므로 부활이야말로 칭의함을 받은자의 삶에서 승리로 이끄는 큰 원동력이라 할 수 있는 것이다.

B. 신자의 부활과 그리스도의 부활

칼빈은 칭의 받은자가 마지막에 반드시 부활한다는 사실을 그리스도와 연관하여설명한다. 즉, 그리스도는 머리이고 그에게 접붙임을 받은 모든 신자는 마지막 날에그리스도의 부활의 보증으로 모든 지체가 부활에 동참하게 된다는 것이다.

그는 칭의함을 받은 우리의 머리이시오 부활의 보증이시기 때문에 칭의함을 받은자는 예수 그리스도의 부활을 항상 소망해야 한다. 칼빈은 이에 대하여 다음과 같이 말한다.

부활을 생각할 때마다 우리는 항상 그리스도의 형상을 바라보아야한다. 그는 인간의 본성을 취하신 상태로 완전한 삶을 사셨고 그리하여 영원불멸의 상태에 이르셨으니, 그분이야 말로 장차 올 부활의 보증이시다. '만일 죽은자가 다시 살아나는 일이 없으면 그리스도도 다시 살아나신 일이 없었을 터이요'라는 말씀을 통해 그분이 부활하심으로써 죽음을 이기신 일이 그에게만 해당되는 것이 아니라는 원리를 당연시 하고 있다.

그는 오히려 각 지체의 위치와 계급에 따라서 그들 가운데서 완성되어야 할 일이 먼저 그 머리에게서부터 시작된 것으로 본 것이다.

칼빈의 다음의 말도 이것을 설명한다.

그리스도께서 다시 사신 것은 장차 올 생명 가운데서 우리를 동지로 삼으시기 위함이다. 그는 아버지로 말미암아 부활 하셨는데,

이는 그가 교회의 머리셨고 또한 아버지께서 그가 교회와 분리 되기를 절대로 허용 하지 않으시기 때문이다.

그는 성령의 능력으로 부활 하셨는데, 그는 또한 그리스도와 교제 가운데 있는 우리를 살리시는 분이시다. 그가 부활하신 것은 그가 믿는자의 부활이요 생명이 되시기 위함이었다.

요컨대 칼빈은 그리스도의 부활은 그가 모든 신자의 머리로서 결국 칭의함을 받은자의 생명이요 부활이 된다는 것이다.

C. 부활의 확실성의 관계

칼빈은 그 다음 칭의함을 받은자가 가지는 부활의 확실성의 근거는 하나님의 전능하심의 속성에서 찾아야 한다고 주장한다.

"부활을 증명함에 있어서 우리는 마땅히 하나님의 무한하신 권능을 생각해야 한다. 그는 바울의 말을 인용한다. 그는 만물을 자기에게 복종하게 하실 수 있는자의 역사로 우리의 낮은 몸을 자기 영광의 몸의 형체와 같이 변하게 하시리라."

칼빈은 바울이 자연의 여러 가지 현상을 통해서도 부활을 가능성을 증명하고 있다는 사실을 설명한다.

"어리석은 자여, 네가 뿌리는 씨가 죽지 않으면 살아나지 못하겠고 네가 뿌리는 것은...각 종자에게 그 형체를 주시느니라."

바울은 씨를 뿌리면 그것이 썩어서 곡식이 돋아나는 현상을 통해 부활을 설명하면서 '하나님이 그 뜻대로'라는 말을 언급하므로 부활의 근거가 전적으로 하나님께 있음을 강조한다.

칼빈은 이외에도 이사야 선지자의 확신을 통해, 욥의 증언을 통해 에스겔 골짜기 환상을 통해 예수그리스도의 말씀을 통해 하나님의 전능하심으로 인해 부활의 약속을 드러내고 있다.

D. 칭의 받지 못한자의 영원한 상태

칼빈은 선택을 받은 자 즉, 칭의를 받은 자의 부활의 확실성을 말한 다음 대조적으로 유기된 자 즉, 칭의함을 받지 못한 자의 영원한 형벌에 대해 기술하고 있는데 형벌의 심각성과 반드시 있을 심판에 대한 것을 데살로니가후서 말씀을 통해 설명한다.

첫째로 하나님의 진노는 마치 맹렬하게 타오르는 불과 같아서 거기에 닿는 모든 것을 삼키고 빨아들인다.

둘째로 하나님이 그의 심판을 실행에 옮기므로 공개적으로 주의 진노를 받는 자들은 하나님이 하늘과 땅과 바다와 생물들과 모든 존재하는 것들에 대해 끔찍한 화를 쏟아내며 그들을 멸하려고 무장하고 있는 것을 느끼게 될 것이다.

"하나님을 모르는 자들과 우리 주 예수 그리스도의 복음에 복종하지 않는 자들에게 형벌을 내리시리니 이런 자들은 주의 얼굴과 그의 힘의 영광을 떠나 영원한 멸망의 형벌을 받으리로다 (살후1:8-9절)"

요컨대 칼빈은 부활에 대해 언급하면서 동시에 유기된 자의 영원한 형벌에 대한 사실을 대조적으로 설명하므로써 이 구조는 결국 칭의함을 받은 자는 부활에 이르게 되고 칭의함을 받지 못한 자는 영원한 심판에 이르게 됨을 강조하고 있는 것이다.

위의 사실에서 칭의교리는 창세전 하나님의 계획(예정) 가운데 선택자를 택하여 칭의하시고 칭의 받은 자를 부에 이르게 한다는 즉 롬8:30절 미리 정하신자를 부르시고 부르신자를 의롭다 하시고 의롭다한자를 영화롭게 한다는 말씀과 같이 칭의교리가 선택과 최후 부활까지 연관된 구원의 주제중 참으로 대들보와 같이 중요한 교리임을 알 수 있다.

연구자가 볼 때 칼빈이 믿는자의 마지막은 부활이라는 확실성을 강조한 것은 죄사함과 의롭다함을 얻은자, 즉 예수믿고 칭의를 받은자의 상급으로, 당연한 귀결로 부활로 결론지은 것은 칭의교리의 위대한 가치를 높힌 것으로 평가할 수 있다.

이것은 자유주의자들이 주장하는 이론과 비교할 때, 얼마나 다른가를 알 수 있다. 현재 자유주의 신학측에서는 예수님의 부활은 영적 생존으로서의 의미를 제외하고는 기독인의 신앙에 아무런 참된 중요성을 갖지 못한다고 주장한다.

육체 부활에서의 믿음은 본질적인 것이 아니며 기독교에 아무런 영향도 미치지 않고 생략해 버릴 수 있다고 한다.

부활신앙은 분명히 교리적 중요성을 지니고 있다. 예수님의 육체 부활을 부인하면 성경저자들의 진실성을 공격하지 않을 수가 없게 되는데, 그것은 부활을 분명히 사실로 기록하고 있기 때문이다.

이는 부활이라는 성경의 신빙성에 대한 우리의 믿음에 영향을 미치게 됨을 의미한다. 칼빈신학의 노선을 따르는 루이스 벌코프 역시, 부활은 구속사역의 핵심, 따라서 복음의 핵심에 하나의 구성 요소로 관계하고 있고, 하나님의 교회에 위대한 기초적 중의 하나이며, 그리스도의 속죄사역이 효력을 가지려면 죽음이 아닌 생명으로 종결되어야 했다. 라고 한 것은 칭의받은 자의 마지막이 부활이라고 결론 짓는 칼빈의 견해와 일치하는 것을 볼 때, 칭의와 부활의 관계성이 갖는 교리성의 중요성을 더욱 부각 시켰다고 할 수 있다.

VII

칭의론에 대한
요약과 유익

VII. 칭의론에 대한
요약과 유익

1. 칼빈의 칭의론 요약

1. 칭의의 궁극적 목적은 타락으로 말미암아 하나님과의 깨어
   진 관계를 회복하는 교리이다. 칭의함을 받은 자는 죄에 대한
   심판과 진노에서 벗어나게 되며 잃었던 하나님의 형상, 양자,
   영생, 하나님과의 화목, 부활, 천국 등을 다시 찾게 되고, 하나
   님이 인간에게 주시고자 하는 모든 좋은 것을 회복하는 자격
   을 부여 받게 되는 것이다.

2. 칭의는 법정적인 선언으로서 죄에 대한 하나님의 심판과 진
   노의 심각성의 의미를 포함하고 있다. 심판을 피할 수 있는

길은 오직 이신칭의, 즉 그리스도 의의 전가 외에는 심판을 면할 수가 없음을 말한다.

3. 인간의 행위나 공로로서는 칭의를 얻을 수 없고, 오직 그리스도 의의 전가에 의한 칭의만이 가능하다. 역사속에 존재하는 펠라기안, 스콜라 신학, 오시안더, 아르미니우스주의, 톰 라이트의 칭의의 새 관점 등의 공통점은 칭의의 근거를 부정하거나, 긍정하는 듯 하나 한편으로는 왜곡 내지 변질시킨다는 사실을 두 사람의 칭의론을 통해 알 수 있다.

4. 칭의의 선언은 반복되거나 점진적인 것이 아니라 일회적이며 그 효력은 영원하다. 칭의 받은 자는 현재 뿐 아니라 미래의 심판과 정죄에서도 벗어 날 것을 보증 받는다. 즉 칭의 받은 자는 성도의 견인을 보장 받는 것이다.

5. 칭의교리에 대한 전체적인 바른 이해는 성화의 삶을 약화시키는 것이 아니라 도리어 칭의 이후의 삶, 즉 성화의 삶을 더욱 촉진시키는 좋은 결과를 초래 한다.

6. 칭의 이후의 삶에 필요한 행위는 칭의와 관련하여 아무런 공로를 주장할 수 없으며, 행위는 칭의의 열매이자 결과이다. 행위를 자랑하게 되면 인간의 의를 주장하게 되어 그리스도가 성취하신 대속과 순종의 의 즉, 칭의의 근거와는 배치되며 칭의의 영광스러운 교리를 훼손하게 된다.

7. 칭의의 기원은 창세전 성부와 성자 성령 하나님안에 신비스러운 계획가운에 기초하며 칼빈은 이것을 예정과 칭의와 관계로 말한다. 칭의받은 자는 선택에서부터 최후 부활까지 하나님의 완전한 계획가운데 있다는 사실을 통해 전적으로 하나님께 영광을 돌리게 한다.

8. 칭의의 근거에 있어서 칼빈은 그리스도의 대속사역과 순종의 의, 즉 죄사함과 영생의 상급에 해당되는 의의 전가를 동시에 언급하고 있다. 그런데 칼빈은 대속과 예수 그리스도의 순종의 의에 대한 구별 하지않았다.

9. 칭의의 적용을 가능케 하는 믿음의 역할에 대해서 칼빈은 칭

의를 받아들이는 도구에 대한 비유로 설명했다. 즉 믿음이 칭의를 받는데 있어서 인간의 어떤 자격이나 공로가 아닌 전적인 하나님의 은혜임을 말한다.

연구자가 볼 때 개혁주의 자들이 쉽게 범하는 오류 중에 하나는 우리가 예수님을 영접할 때 성도의 의지적이며 고백적인 것을 아르미니우스주의라고 종종 거부하는 것이다. 오히려 거부할 것이 아니라 적절히 활용해야 한다고 생각한다. 당신이 스스로의 선택과 의지에 의하여 예수님을 영접한 것 같지만 이것 역시 하나님의 선택과 은혜, 성령의 감동 감화에 의해 믿게 되었다는 사실을 믿고 난 후 적절한 시기에 가르치면 된다고 생각한다.

2. 칭의가 그리스도인의 삶에 주는 영향(유익)

1. 구원의 확신과 기쁨을 준다.

구원의 주체는 인간이 아니라 하나님이시다. 구원의 확신을 갖기 위해서는 구원받기 전의 인간의 상태와 예수그리스도의 십자가의 대속 즉 죽으심과 부활, 그리고 이땅에서 예수 그리스도의 완전한 순종으로 구속사역을 성취하셨다는 사실과 그리고 성령의 도우심으로 예수님과 연합될 때 우리에게 값없이 주어지는 칭의와 성화에 대한 이해가 필요하다.

2. 선행을 장려하고 선행에 대하여 열심을 내게 한다.

칭의 받기전의 인간의 상태와 받은 후의 상태를 비교하며 제대로 된 의식이 있는 사람이라면 칭의를 받은 후에 은혜가 넘치기 마련이다. 예수님이 우리 죄를 위해 피흘려 주셨으며 속죄를 통한 칭의의 은혜를 받게 되었다는 사실을 진정 안다면, 주님께 거룩하게 드려진 순결한 삶을 살며, 칭의 받은 자로서 이렇게 살아서 되겠는가라는 자발적 선행의 마음이 일어난다.

3. 칭의는 타락으로 말미암아 하나님과의 깨어진 관계를 회복하게 한다.

칭의 받은 자는 죄에 대한 심판과 진노에서 벗어나게 되며, 잃었던 하나님의 형상, 양자·영생·하나님과화목·부활·천국 등을 다시 찾게 되고 모든 좋은 것을 회복하는 자격을 부여받게 된다.

4. 칭의는 법정적 선포로서 심판을 피할 수 있는 길은 이신칭의, 즉 그리스도 의의 전가 외에는 심판을 면할 수가 없다는 것을 알게 된다.

5. 인간의 행위나 공로로 칭의를 얻을 수 없고, 오직 그리스도 의의 전가에 의한 칭의 만이 가능함을 알게 된다.

6. 칭의의 선언은 반복적인 것, 점진적인 것이 아니라 일회적이며 그 효력은 영원하다는 것을 알게 된다.

7. 칭의 못지않게 성화의 삶이 중요하다. 칭의 교리의 바른 이해는 성화의 삶을 강화시키며 칭의 이후의 삶 즉 성화의 삶을 촉진시킨다. 그러므로 칭의의 은혜를 바르게 이해하고 깨달은 자는 더욱 성화에 힘쓰게 된다.

8. 칭의 이후의 삶에 필요한 행위는 아무런 공로를 주장할 수 없으며, 행위는 칭의의 열매이자 결과이다. 행위를 자랑하게 되면 인간의 의를 주장하게 되어, 그리스도가 성취하신 대속과

순종의 의, 즉 칭의의 근거와 배치되며 칭의 교리를 훼손하게 된다.

9. 칭의 받은자는 선택에서부터 최후 부활까지 하나님의 완전한 계획에 있다는 사실을 통해 전적으로 하나님께 영광 돌리게 된다.

10. 결국 칭의는 인간의 어떤 자격이나 공로가 아닌 전적인 하나님의 은혜임을 알게 된다.

칭
의

2023년 11월 21일 초판 인쇄
2023년 11월 24일 초판 발행

지은이 · 하진상

발행인 · 예종륜
발행처 · 시가출판사
　　　　경상북도 의성군 다인면 서부로 3153-66 101호
　　　　전화 010-2124-2952
　　　　이메일 ciga2124@naver.com

ISBN 979-11-984444-1-7(03230)